Die Intelligenz der paranormalen Träume

Parapsychologie und Traumforschung

Maria Sand

Bibliografische Information der deutschen Nationalbibliothek:

Die deutsche Nationalbibliothek verzeichnet diese Publikation in der deutschen Nationalbibliografie; detaillierte bibliografische Daten sind im Internet über http://dnb.dnb.de abrufbar

© Maria Sand

Herstellung und VerlagBoD – Books on Demand, Norderstedt

ISBN 9783752862799

Vorwort

Zu diesem Buch gibt es ein kleines Fotobuch, in welchem ich unter anderen auch einige Zeichnungen veröffentlicht habe, die sich direkt auf einige meiner hier besprochenen Träume beziehen. Denn manche Träume kann man besser als gültige Voraussagen beweisen, wenn man sieht was ich im Traum gesehen habe. Manche Zeichnungen stimmen zu 100% mit den in Zeitungen veröffentlichten Fotos von Ereignissen überein. Einige Träume die man in diesem Buch nicht findet, habe ich ebenfalls in dem Fotobuch veröffentlicht, mit weiteren Texten und Erklärungen versehen. Meine Zeichnungen sind meistens Skizzen, welche die wesentliche Aussage dokumentieren sollen. Nicht immer naturalistisch, sondern oft auch nur angedeutet. Gesichter von Personen weisen mitunter zwar einige Ähnlichkeiten auf, stimmen aber nicht komplett überein. Auch im Traum geht alles so schnell wie im Wachzustand. Ein fremdes Gesicht kann man sich nicht so leicht merken. Da ich „gesichtsblind" bin, vergesse ich Gesichter im Wachzustand überhaupt sofort wieder. Im Traum merke ich sie mir etwas besser.

Auf www.psionik.blogspot.com kündige ich an, wenn ein neues Buch von mir erschienen ist. Sie können dort auch einen Kommentar hinterlassen oder mit mir diskutieren. Auf der Seite https://psi17.jimdo.com/ und auf http://strindbergs-erinnerungen.mozello.com/ finden sie Besprechungen zu meinen derzeit greifbaren Büchern, sowie Traumerfüllungen. Unter http://members.aon.at/cagliostro/feedback.html können sie mich derzeit per Mail erreichen. Eventuelle Änderungen von Adressen gebe ich rechtzeitig bekannt.

Warum träumen wir

Was können Träume uns sagen? Jeder Mensch träumt, doch auch Tiere besitzen diese Fähigkeit. Was Träume für uns geheimnisvoll macht ist die Tatsache, dass wir träumen müssen und nicht verstehen warum. Wir verstehen meistens auch nicht was unsere Träume bedeuten. Beschäftigen sie sich nur mit uns, wie Psychologen meinen, oder sind sie doch eher Informationsquellen? Können sie uns weit entfernte Ereignisse schildern und vielleicht sogar etwas über die Zukunft mitteilen?

In diesem Buch erkläre ich was Träume alles sagen können, wenn man sie richtig verstehen lernt.

Es basiert zum Teil auf meinen eigenen Träumen, welche ich im Internet veröffentlicht hatte. In meiner Psi-Traum-Studie habe ich sie zusätzlich in Form mehrerer Bände veröffentlicht. Einige Träume dieser Studie stammen aus dem Jahr 1997, die anderen von 2000 bis jetzt.

Die Zeichnungen die meine Träume illustrieren, findet man in dem Fotobuch „Mit dem Traumbewusstsein in Kontakt treten", erschienen bei LULU. Gegebenenfalls werde ich das Buch erweitern. Es enthält nicht nur Zeichnungen zu den hier veröffentlichten Träumen, sondern auch zu einigen Träumen die man in den Traumsammlungen findet. Zusätzlich auch noch Hinweise auf veröffentlichte Fotos in Zeitungen, anhand derer man Vergleiche anstellen kann.

Träume faszinieren mich und damit stehe ich wohl nicht
alleine da. Das Interesse mag zum Teil daran liegen,
dass ich im Wachzustand keinerlei visuelle Fantasie
habe, oder anders ausgedrückt: ich kann mir nichts
bildlich vorstellen, wenn ich wach bin. Ich denke
ausschließlich in Worten, während ich - sobald ich
träume - wie jeder andere sehende Mensch auch, etwas
sehe, oder höre, fühle, ja sogar scheinbar erlebe. Aber
ich glaube, im Grunde genommen interessiert sich fast
jeder Mensch, der sich an seine Träume erinnern kann,
für die „Gesichte der Nacht", die manchmal bizarr und
dann wieder ganz banal anmuten.

Was ist nun eigentlich ein Traum? Darüber zerbrechen
sich die Menschen seit Jahrtausenden den Kopf, ohne
bisher zu einem überzeugenden, einem für alle gültigen
Ergebnis gekommen zu sein. Manche glauben es
handele sich dabei um etwas Ähnliches wie die
Verarbeitung des Tagesgeschehens, andere sehen darin
eine Symbolsprache des Unterbewusstseins. Esoteriker
meinen während des Traums den Körper zu verlassen
und mit der Seele in andere Dimensionen zu reisen.
Während viele Menschen behaupten, im Traum weit
entfernte Ereignisse erkennen zu können, oder sogar
von ferner Zukunft, bzw. Vergangenheit zu träumen,
zweifeln Skeptiker derartige Aussagen an. Skeptiker
zweifeln überhaupt an allem und jedem was in ihre
materialistische Welt nicht zu passen scheint, selbst
wenn es genug Indizien gibt.

Man könnte davon ausgehen, dass es verschiedene
Arten von Träumen gibt. Wahrscheinlich treffen alle
aufgezählten Möglichkeiten teilweise zu. Ein Traum
kann sich sowohl mit dem Tagesgeschehen
beschäftigen, als auch zukünftige Ereignisse

beschreiben. Es gibt Klarträume, die derzeit wissenschaftlich und mit allem möglichen technischen Aufwand untersucht und auch als existent bestätigt werden. Daneben gibt es scheinbare außerkörperliche Zustände, die ich aber auch unter dem Begriff „Träume" einordnen würde. Selbst die Vision erscheint mir nichts weiter als eine besonders intensive Form eines Traums zu sein. Auch durch Hypnose ausgelöste Zustände, ja selbst psychische Erlebnisse die durch den Genuss von Drogen entstehen, sind zum Teil Träumen ähnlich. Weil all das alleine im Gehirn passiert und niemals außerhalb davon.

Wahrscheinlich träumt jeder Mensch zumindest zeitweise von zukünftigen Ereignissen, bzw. erhält jeder Mensch zeitweise auf telepathischer Ebene Informationen im Traum, die ihm im bewussten Zustand nicht zugänglich sind.

 Es ist mitunter schwierig diese Elemente sicher nachzuweisen, weil wir

1. uns nicht an jeden Traum erinnern können
2. der Traum verschiedene Elemente miteinander verbindet und teilweise verfremdet

3. das Unbewusste, das den Traum produziert andere Prioritäten setzt als das Bewusstsein

4. der zeitliche Aspekt für das Unter-Bewusstsein eine andere Rolle spielt als für das wache Bewusstsein.

So mancher Forscher meint, wäre meine Behauptung richtig, müssten wir theoretisch von spektakulären,

zukünftigen Ereignissen eher träumen, als von banalen
Dingen. Weil solche Ereignisse viele Menschen
betreffen und – sobald sie sich ereignen - auch vielen
Menschen bekannt werden. Das Gegenteil ist der Fall.
Hier gilt: das Hemd ist näher als der Rock! Was den
Träumer selbst und direkt betrifft ist allemal für ihn
interessanter, als Aufsehen erregende Ereignisse, die
keinen sichtbaren Bezug zu ihm selbst aufweisen. Aber
auch das ist wohl von Mensch zu Mensch verschieden.
Man muss jedenfalls den starken Wunsch haben, von
bestimmten Ereignissen zu träumen. Auf das Motiv
kommt es an und dieses ist uns meistens nicht bewusst.
Es lässt sich auch nur schwer, oder nur selten bewusst
und gewollt herbeiführen. Oft meinen wir etwas zu
wollen und wollen es doch nicht. Dabei spielen mitunter
unterbewusst vorhandene, jedoch nicht erkannte Ängste,
Wünsche und Zweifel eine große Rolle. Bewusst wird
man vielleicht wissen wollen ob man ein Erdbeben
miterleben wird. Unterbewusst kann aber die Angst vor
einem so schlimmen Erlebnis so stark sein, dass man es
doch lieber gar nicht erfahren will. Wo solche
unterbewussten Ängste nicht vorhanden sind, ist es
leichter auch absichtlich von einer kommenden Gefahr
zu träumen. Im Allgemeinen entscheidet jedoch das
Unterbewusstsein was und wovon man träumt.

Der Träumende wird eher seine eigene Todesgefahr
vorher sehen, als den Beginn eines entfernten Krieges.
Was aber nicht bedeutet, dass er nicht auch von
Ereignissen träumen kann, die in keinem
Zusammenhang zu ihm stehen. Das Wichtigste das man
beachten sollte, ist der Wunsch nach Wahrheit. Wer sich
selbst belügt, wer nicht die Kraft aufbringt, Realitäten
zu akzeptieren, wird nicht wahre, zukünftige Ereignisse
in seinen Träumen sehen, sondern seine eigenen Lügen,

Ausreden und seine tatsächlichen Wünsche. Wir machen uns gerne vor, gut und umgänglich zu sein, andere Menschen zu lieben und zu achten, für andere da zu sein, usw. Oft sieht die Wahrheit ganz anders aus. Im Traum kommt nur demjenigen die Wahrheit entgegen, der den Mut hat sich selbst und die Zukunft realistisch zu sehen.

Grundsätzlich ist jede Information für jeden Menschen jederzeit zugänglich - man muss nur den nötigen Willen dazu aufbringen, diese Information auch zu erlangen - das ist die eigentliche Kunst. Diese dann auch zu akzeptieren ist eine andere Sache.

Ob eine Information aber im Traum auch so dargestellt wird, dass wir sie richtig verstehen können, ist unsicher. Das hängt davon ab wie gut wir gelernt haben das Unterbewusstsein zu verstehen, bzw. ob dieses Unterbewusstsein, das ich „Traumbewusstsein" nennen würde, bereit ist sich verständlich auszudrücken. Dazu muss man es als einen eigenständigen Willen akzeptieren. Fast schon als einen Menschen im Menschen.

Ich habe versucht anhand von Träumen, die sich mit großer Wahrscheinlichkeit zumindest teilweise erfüllen werden, bzw. die sich bereits erfüllt haben zu zeigen, dass alle diese Informationen aus uns selbst kommen. Sie werden direkt von unserem Gehirn aufgenommen. Leider auf eine uns derzeit unbekannte Weise. Eine Erklärung dafür wie diese Informationen gewonnen werden gibt es derzeit noch nicht, weil es keine wirklich überzeugende Antwort von Seiten der Wissenschaft gibt. Allerdings haben sich doch einige Wissenschaftler bemüht eine Erklärung dafür zu finden, wie ich später

noch ausführen werde. Sicher ist jedenfalls, dass auch
Träume die uns die Zukunft vorhersagen, oder die uns
Wissen über weit entfernte Ereignisse ermöglichen, eine
Realität unseres Lebens und unserer Seele sind.

Die erste Frage die man sich diesbezüglich stellen muss
ist: träumen alle Menschen gleich?

Die Studie *„Waking and dreaming: Related but
structural independent" in Consciousness and
Cognition 2010, von Ursula Voss, Inka Tuin, Karin
Schmelleh-Engel und Allan Hobson
(news.docceck.com/de)* , verglich die Träume von
Menschen mit und ohne Behinderung. Traumdeuter –
also ausgebildete Psychologen - konnten nicht
unterscheiden welche Träume von Behinderten
stammten und welche nicht. Am Schlechtesten schnitten
klinische Psychologen bei dem Test ab. Überraschend
war, dass es keine wesentlichen Unterschiede zwischen
den Träumen Behinderter und nicht Behinderter gab.
Selbst von Geburt an Taube träumten von Musik, Stille,
oder von Stimmen; Gelähmte träumten, sie könnten
gehen. Daraus schlossen die Forscher, die sensorische
Welt sei von der tatsächlichen Welt abgekoppelt. Es gab
keinerlei Hinweise darauf, dass Träume
Wunscherfüllungen widerspiegelten, oder die
Wirklichkeit fortsetzen würden.

Wie verträgt sich das Ergebnis dieser Studie nun mit
den Träumen von blinden Personen, die auch in ihren
Träumen blind sind? Egon Fast schreibt auf der
Webseite anderssehen.at, wie er seine Träume erlebt. Er
ist geburtsblind und wie im realen Leben, sieht er auch
in seinen Träumen nichts. Auf derselben Webseite
beschreibt Falk Webel, dass er auch im Traum
sehbehindert ist, aber Autos lenkt. Anna Nussthaler
hingegen erzählt einen Albtraum, der anders zu sein
scheint. Im Traum konnte sie plötzlich normal sehen,
fühlte sich aber von den Bildern die sie nun erkennen
konnte, total erdrückt. Es mag so erscheinen, als würde
sie im Traum tatsächlich sehen, ob das jedoch wirklich
der Fall ist, lässt sich schwer feststellen, weil sie zwar
von Wänden und Gegenständen berichtet, ja sogar von
einem Blick in den Spiegel, eine genaue Beschreibung
aber unterbleibt. Sie behauptet zwar einen Saurier zu
erblicken, es könnte sich dabei jedoch um eine
Vorstellung handeln, die von dem Bild abweicht, das
sehende Menschen empfangen. Auffällig ist, dass sie
ziemlich genau die Unsicherheit beschreibt, die in
einem weiteren Bericht auf dieser Webseite zur Sprache
kommt.

Ein Mann, der nicht geburtsblind war, sondern erst im
Alter von drei Jahren durch einen Unfall erblindete,
wurde erfolgreich an einem Auge operiert. Trotzdem
fühlt er sich noch immer mit geschlossenen Augen
sicherer, weil er mit den Bildern seiner Umgebung
nichts anfangen kann. Sie verwirren ihn zeitweise sogar.
Er muss erst sehen lernen. Da beide Berichte auf
derselben Seite zu finden sind gehe ich davon aus, dass
er oder sie davon gehört hat, wie schwierig es ist sehen
zu lernen. Dabei spielt es keine Rolle, ob die Person den
Bericht vor, oder nach ihrem Traum las. Nimmt man

Präkognition als eine reale Sache an, könnte sie von ihm durchaus auch vor dem Lesen geträumt haben.

Ein gehörloser Mensch kann in unserer Gesellschaft trotz seiner Behinderung sein Sprachzentrum aktivieren, weil er nonverbal sprechen lernt. Worte versteht er, auch ohne sie zu hören. Er fühlt die Vibrationen die Töne erzeugen und es gibt natürlich auch schon viele Hilfsmittel, die zumindest ein Minimum an Tönen hörbar machen können.

Bei gelähmten Menschen ist es noch leichter zu erklären weshalb sie fähig sind, von Bewegung zu träumen. Sie sehen andere gehen und sich bewegen. Anstrengung und Bewegungsfreude wird bei anderen bemerkt und sie sind ja nicht total gelähmt, sondern können ihre Arme und den Kopf bewegen, erfahren also durchaus was Muskelbewegung ausmacht. Es ist daher nicht erstaunlich, wenn solche Behinderungen in Träumen ignoriert werden, vor allem dann, wenn die träumende Person nicht von sich selbst träumt, sondern wie ich vermute, sehr oft von anderen, mitunter total fremden Personen.

Dass es sich bei einem Traum selten um Wunschdenken handelt, mag diese Studie mit Sicherheit beweisen, denn Behinderte träumen nicht öfter als Nicht Behinderte von Behinderungen und erleben sich selbst in ihren Träumen nicht als wesentlich „anders". Bezieht man allerdings blinde Personen in die Überlegungen ein, lässt sich die Theorie, alles was man „kann" sei in jedem Fall im Gehirn vorhanden, nicht aufrecht halten, denn Blinde können – so scheint es – manchmal im Traum sehen und manchmal nicht. Niemand kann zudem wissen, was jemand der gehörlos, oder der blind ist, im Traum

13

angeblich hört, oder sieht, selbst wenn man davon ausgeht, dass Menschen mit Sehbehinderung auch hin und wieder davon träumen, korrekt sehen zu können. Trotzdem muss man mit der Möglichkeit rechnen, dass auch behinderte Menschen im Traum alles können was jeder der nicht behindert ist kann. Sollte das der Fall sein, kann es nur eine Erklärung geben. Jedes Lebewesen erhält Informationen nicht nur über die uns derzeit bekannten fünf Sinne.

Träume alter Völker und Träume aus der parapsychologischen Literatur

Träume faszinierten schon die alten Völker. Wir wissen sogar was sie träumten, denn es gibt einige Schriften, die über Träume berichten. Eine der ältesten uns überlieferten Geschichten, ist das Gilgamesch Epos, welches auf einer noch älteren Geschichte beruht. Die ältere Erzählung handelte von einem Sumerer namens Astrahasis, Sohn des Königs der Stadt Schuruppak. Berichtet wird von den Träumen des Gilgamesch, die ihm voraussagen, er würde einen Freund finden, der wie ein Tier in der Steppe gelebt hatte. Seine Träume haben symbolischen Charakter, wie er meint, deshalb braucht er jemanden, der ihm seine Träume deutet. Allerdings braucht er keinen Psychologen wie wir sie heute haben, um sich selbst besser zu verstehen, sondern jemanden der ihm die Symbolik des Traums erklärt. Der Traum selbst, so glaubten die alten Völker, würde reale Ereignisse in der Zukunft schildern, nur eben verschlüsselt.

Aus dem Gilgamesch Epos wurde später die biblische Geschichte von Noah. Bei Noah gibt es schon eine kleine Veränderung zu bemerken. Während die Urform der Geschichte unterstellt, der Traum würde die Zukunft symbolisch beschreiben, erhält Noah immer von Gott direkt seine Informationen. Sie sind deutlich und genau. Daneben gibt es nichts. In anderen biblischen Geschichten findet man jedoch auch noch Träume,

15

welche die Zukunft vorhersagen, aber erst gedeutet
werden müssen. Man denke an die Träume des Pharao.
Auch Kirchenforscher müssen heute zugeben, dass viele
dieser Schriften nur scheinbar historisch bekannte
Personen betreffen, in Wahrheit aber aus anderen Zeiten
stammen. Vermutlich handelt es sich dabei um ähnliche
Vorbilder aus sehr frühen Zeiten, wie das Gilgamesch
Epos, die gemäß den gerade gültigen
Glaubensvorstellungen verändert, angepasst und
bekannten Personen zugeschrieben wurden, während sie
in Wahrheit aus viel älter sind.

Gilgamesch träumte in Uruk und erzählte seinen Traum
der Mutter: „Im Traum ging ich barfuß mitten unter den
Männern. Da sammelten sich um mich herum die Sterne
des Himmels und die Waffe des Anu stürzte auf mich
herunter. Sie war zu schwer, als dass ich sie hätte heben,
oder bewegen können. Doch ich bekam Hilfe und ich
hob sie auf." Die Mutter – sie ist ursprünglich eigentlich
eine Göttin - deutet den Traum. Es ist Enkidu, meint sie,
jemand der einem Freund aus der Not hilft. Er ist stark
und gewaltig, er wird den Gilgamesch immer wieder
retten.

Wieder träumt Gilgamesch und erzählt den Traum auch
wieder seiner Mutter: „Auf der Straße von Uruk sah ich
eine Axt, die plötzlich da lag. Sie sah unheimlich aus.
Ich wurde jedoch froh, als ich sie erblickte, gewann sie
lieb und sie war für mich wie eine Frau, die ich an
meine Seite legte." Die weise Mutter deutet auch diesen
Traum. Sie sagt, die Axt sei ein Mann. Er werde zu ihm
kommen und sie würde den Mann ihm gleich stellen. Da
ist sich Gilgamesch sicher, er würde einen Freund und
Berater finden.

Abgesehen davon, dass diese Interpretation klingt als
wolle die Mutter dem Sohn eine homosexuelle
Beziehung prophezeien, klingt die Deutung dieses
Traums für einen modernen Menschen eher
ungewöhnlich, bietet jedoch Einblick in das
symbolische Denken der Menschen dieser Zeit. Es
scheint sich bei dem Sohn aber doch eher um einen Gott
zu handeln und nicht um eine normale Person. Der Sohn
einer Göttin kann nur ebenfalls göttlicher Natur sein.
Akzeptiert man diese Theorie, wird aus dem
angeblichen Traum ein alter Mythos. Doch wie sind
solche Mythen entstanden? Vermutlich auch aus
Träumen und aus Visionen.

Der Traum des Pharao der von Josef gedeutet wird, ist
wohl fast jedem in unserem Kulturkreis bekannt. Es
handelt sich dabei ebenfalls um einen angeblich
präkognitiven Traum, der schriftlich überliefert wurde.
Da wir derzeit nicht wissen wann und wo diese
Geschichte entstanden ist, kann man nur rätseln was die
Urform den Menschen sagen wollte. Angeblich wollten
die Götter den Menschen mit Hilfe von Träumen etwas
mitteilen.

Die Menschen früherer Zeiten glaubten, Träume wären
die Sprache der Götter. Geht man davon aus, dass die
Geschichten in denen von Träumen erzählt wurde, alle
ursprünglich alte Göttermythen waren, erklärt sich
dieser Glaube als Folge alter Religionen, die in
Vergessenheit geraten sind.

Im alten Griechenland heilten die Götter angeblich
sogar die Menschen im Schlaf. Man pilgerte zu diesem
Zweck in ein Asklepieion. Eines befand sich in
Pergamon. Ein anderes befand sich auf Kos. Beim

17

Eingang gab es eine Inschrift: „Rein muss der sein, der
in den weihrauchduftenden Tempel eintritt. Reinheit
heißt: reine Gedanken haben". Dort reinigte man sich in
einem Brunnen. Was Hermodikos tat. Wie er die
Reinheit der Seele erreichte, steht leider nicht auf der
Inschrift, die uns von ihm kündet. Abgesehen vom
medizinischen Hintergrund der Geschichte, stellt man
eine deutliche Parallele zum Islam fest. Wer in die
Moschee geht, um dort zu beten, muss sich zuvor
reinigen. Deswegen befindet sich vor jeder Moschee ein
Brunnen. Ich meine, der Ursprung dieser
vorgeschriebenen Zeremonie liegt in Griechenland, wie
auch sonst noch einiges andere auch. Das sei nur
nebenbei erwähnt. Aber sehen wir uns weiter an, was
Hermodikus angeblich im Heiligtum erlebte.

Im Schlafsaal, der Abaton („das Unbetretbare") genannt
wurde, legte er sich zum Heilschlaf nieder. Der Gott
würde ihm im Traum erscheinen und ihn heilen. Das
geschah dann auch. Wäre es nicht so geschehen, hätte
man die Geschichte wohl nicht an die Wand
geschrieben.
Als er nun im Tempel schlief und von Gott träumte,
wurde er von diesem geheilt. Anschließend befahl der
Gott ihm, hinauszugehen und einen möglichst großen
Stein zum Tempel zu bringen.
Warum einen großen Stein? Offensichtlich weil es als
ein Beweis für die erfolgte Heilung dienen soll, wenn
ein ehemals Gelähmter plötzlich Steine schleppen kann.

Der Gott Asklepios erschien den Leidenden also im
Traum. Manchmal erklärte er einfach, der Kranke sei
gesund, manchmal gab er die Anweisung, bestimmte
Medikamente einzunehmen.

Eine andere Inschrift erzählt von Kleinatas von Theben. Seine Geschichte steht eigentlich im Widerspruch zur Tempel Überschrift. Ging er doch angeblich voller Läuse ins Abaton. Damit verstieß er gegen das deutlich formulierte Gesetz, nur rein ins Abaton zu gehen. Behauptet wird nun sogar, er schlief und träumte, der Gott ziehe ihn aus und fege ihm die Läuse vom Leib. Was angeblich auch geschah. Was ihm Gott Asklepios auftrug, weiß man nicht, denn darüber schweigt die Inschrift sich aus.

Das klingt schon sehr nach Propaganda? Man sollte sich vielleicht von den Inschriften nicht zu sehr beeindrucken lassen? Oder funktioniert es doch genauso?

Nicht nur der Gott heilte, sondern auch die dort ansässigen Ärzte. Es waren zum Teil Wallfahrts Zentren, zum Teil wurde mit Naturheilverfahren gearbeitet. In Pergamon gab es eine radioaktive Quelle, welche sicher irgendwelche Wirkungen besaß, die sich die Menschen nicht erklären konnten und diese deshalb einem Gott zu schrieben. In Bergwerken, Schächten oder Höhlen, aber auch in radioaktiven Gewässern kann es zu einer starken Strahlenbelastung kommen, die sogar schädliche Ausmaße annehmen kann. Wahrscheinlich finden sich deshalb Heiligtümer sehr oft in Höhlen oder in Grotten.

Hermodikus wurde vermutlich insofern geheilt, als zumindest sein Geschwür verschwand. Vielleicht ist sogar die Geschichte mit den Läusen wahr, wenn auch auf andere Weise als vermutet. Der Traum selbst heilte jedenfalls nicht, er informierte nur den Patienten über die bevorstehende Heilung.

In dem Buch "Über die Wirkung der natürlichen Radioaktivität der Gasteiner Quellen auf Wundbakterien", von Franz Bukatsch, Springer Verlag, werden verschiedene Versuche beschrieben, durch welche die tatsächliche Heilkraft des radioaktiven Wassers entsteht. Bakterien werden abgetötet, so wird der Heilungsprozess ermöglicht. Wahrscheinlich halten auch Läuse nicht so leicht durch, wenn man sich mit diesem Wasser gut reinigt. Oder die radioaktive Luft im geschlossenen Raum tötet sie ab.

Die Heilungen sind also eher nicht paranormaler Natur. Alleine der Traum ist es insofern, als er einem unterbewussten "Wissen" entspringt, das Kenntnis von der bevorstehenden Heilung erlangt. Der Verstand weiß nichts von der Radioaktivität des Wassers. Auch die radioaktive Luft bleibt ihm verborgen. Das Unterbewusstsein weiß es aber doch und meldet es dem Bewusstsein über den Traum.

Im Traum erhält man oft Antworten, wenn man Fragen stellt. Dann tritt meistens eine Person auf, die eine Feststellung macht. In unserem Fall ist ein Gott, oder eine Stimme macht eine rein verbale Feststellung. Es kommt darauf an, in welches Gewand sich die Information gerade kleidet. Wer an einen bestimmten Gott, oder an eine bestimmte Göttin glaubt, wird dieses übernatürliche Wesen im Traum sehen und sprechen hören. Wer - wie z. B. ich – kein solches Vorurteil hat, hört einfach nur jemanden etwas sagen. Diese Stimme hat immer Recht, wie schon C. G. Jung feststellte. Die alten Griechen stellten sozusagen dem Gott eine Frage. Die Frage lautete: werde ich geheilt werden? Der Traum antwortete darauf. Weil die Frage an den Gott gerichtet war, erschien er auch im Traum.

20

Unerklärliche Heilungen werden auch aus anderen
Kulturen berichtet. Mit Träumen haben sie aber nichts
zu tun.

Aus den deutschen Sagen kennt man den
„Falkentraum", den Kriemhild ihrer Mutter erzählt. Sie
träumt, dass sie einen Falken aufzieht, den zwei Adler
zerfleischen. Ute deutet den Traum: „Der Falke bedeutet
einen edlen Mann, den Kriemhild verlieren wird, wenn
Gott ihn nicht beschützt. Kriemhild glaubt dieser
Deutung nicht, weil sie jungfräulich bleiben will und sie
deshalb auch nicht heiraten will. Die Liebe brachte
vielen Frauen Unglück. Doch da taucht Siegfried auf,
der um Kriemhild wirbt. Sie verliebt sich in ihn. Er hat
sie noch nie gesehen, denn man verbirgt sie vor ihm. Sie
heiraten und der Traum erfüllt sich. Siegfried wird
heimtückisch ermordet. In dieser Sage erzählt man den
Menschen nicht nur von einem Traum der gedeutet
werden muss, weil „normale Menschen" Träume nicht
verstehen können, sondern auch vom Schicksal, das
determiniert ist. Erfüllen sich Träume, entsteht das
Gefühl, alles Kommende sei schon festgelegt. Dieser
Traum ist zwar insofern ambivalent, als er sich in jedem
Fall erfüllen muss, weil „Gott" den Verlauf der Zukunft
verändern könnte, indem er den Helden beschützt, aber
irgendwie erwartet man, das böse Schicksal würde
seinen Lauf nehmen. Wahrscheinlich entsteht dieser
Widerspruch, weil die Germanen ihre Religion ablegten
und zu Christen wurden. Die Geschichte vereint
heidnische und christliche Elemente, die sich jedoch
nicht miteinander so recht vertragen wollen. Obwohl
wir längst christlich denken – egal ob wir gläubig sind
oder nicht – folgen wir instinktiv der heidnischen Logik.
Sie sagt uns, Siegfrieds Schicksal ist bereits besiegelt.
Niemand kann ihn retten. Also ist auch das Schicksal

21

Kriemhilds bereits festgelegt, dem sie zu entrinnen versucht. Im Traum sprechen die Götter mit den Menschen. Was die Götter uns sagen, wird geschehen und niemand kann es verhindern. Würden wir christlich denken, wären wir über das Ende überrascht. Vom freien Willen der handelnden Personen ist nämlich weit und breit keine Spur.

Freud und viele andere Psychologen waren anderer Ansicht als die alten Traumdeuter. Träume würden sich vor allem mit uns selbst beschäftigen, glaubten sie zu wissen. Diese Annahme ist eher unlogisch. Schließlich denken wir auch im wachen Zustand mehr über andere Menschen nach als über uns selbst. Auch über irgendwelche Ereignisse die uns gar nicht betreffen denken wir sehr gerne nach. Wir überlegen was wir anderen gegenüber sagen oder tun sollen. Es interessiert uns, was die Nachbarn tun. Zeitung lesen wir, weil wir wissen wollen was in der Welt passiert. Warum sollten wir nur von uns selbst träumen, wo wir doch meistens gar nicht wissen wollen was für ein Mensch wir sind. Uns beschäftigt viel mehr was andere über uns denken, wie sie uns einschätzen, ob sie uns mögen, oder ob sie uns hassen. Uns interessiert ob äußere Gefahren drohen, wie wir den Alltag bewältigen können, usw.

Alles ist auf Überleben hin ausgerichtet und Information ist das wichtigste Hilfsmittel im Überlebenskampf. Nur ein geringer Teil an Informationen über uns selbst ist notwendig. Viel wichtiger ist es, die Umgebung zu erkennen. Wo gibt es Nahrung? Wer ist Freund und wer ist Feind? Warum sollte der Traum prinzipiell anders sein? Schließlich träumen wir in jeder Nacht mehrmals. In unserem Leben haben wir daher unzählige Träume. Niemand ist so wichtig, oder so kompliziert, dass er sich nur mit sich selbst so lange Zeit über beschäftigen könnte, sollte, oder wollte. Die Träume müssten sich dann ja ständig wiederholen, weil sich unsere Probleme und unsere Einstellung zu ihnen nur wenig verändert. Wenn es sich bei Träumen aber in irgendeiner Form um Informationen handelt – die sich entweder symbolisch, oder direkt ausdrücken - ist es wahrscheinlicher, dass sie sich vor allem mit fremden Personen beschäftigen und nicht nur mit der eigenen Befindlichkeit. Unsere Sinne dienen fast nur dazu, Informationen bezüglich unserer Umwelt zu beziehen. Das alleine ist der Sinn und Zweck unserer Sinne. Sie dienen uns als Orientierungsmittel in der äußeren Welt, damit wir in ihr bestehen können. Also ist es logisch, dass Träume auch Informationsquellen sind. Bewusst haben die meisten Menschen nur beschränkten Zugang zu ihren Träumen. Man kann daher annehmen, dass die Traum Informationen in erster Linie das Unterbewusstsein beschäftigen. Für das Bewusstsein sind sie nicht bestimmt. Wären sie es, könnten wir unsere Träume auch verstehen.

Wenn wir krank sind, oder werden, oder wenn wir in Gefahr geraten, ist ein warnender Traum sinnvoll, der uns selbst betrifft. Die Informationen die er enthält lassen uns unbewusst richtig darauf reagieren. Gibt es jedoch keine besonderen Anlässe vorsichtig zu sein, ist es sinnvoller, die Aufmerksamkeit auf andere Personen zu richten, so wie im bewussten Erleben auch. Dann ist es auch nicht notwendig, den Traum ins Bewusstsein einzulassen. Handelt es sich um sehr gefährliche Situationen die auf uns zukommen, werden die warnenden Träume bewusster.

In der parapsychologischen Literatur finden wir viele Beispiele für Träume, die recht deutlich in die Zukunft weisen und die sich keineswegs symbolisch ausdrücken. Sie wollen gehört und verstanden werden.

Ein sehr bekannter Traum der sich erfüllte, ist der Traum von Bischof Lanyi. Natürlich wird er von Skeptikern angezweifelt, weil er nicht schon vor dem Geschehen in einem Buch erschienen ist. Das ist eines der häufigsten Argumente der Kritiker, wobei auch genug „Parapsychologen" so denken. (parapsychologie.info) Man muss aber folgendes bedenken: Erstens war es nicht möglich, diesen Traum zu veröffentlichen bevor er sich erfüllte, weil Traum und Ereignis eng beieinander lagen. Zweitens handelt es sich beim Träumer um eine Person die integer war und wohl keinen Grund hatte, sich "wichtig" zu machen. Der Bischof behauptete auch nicht, die Nachricht sei ihm von Gott gesandt worden, was er vermutlich getan hätte, wäre es in seinem Interesse gewesen, auf diese Weise Menschen von seiner Religion zu überzeugen. Damals waren die Leute in Österreich noch allgemein so katholisch, dass eher die Gegenseite sich Propaganda ausdenken hätte müssen, um die Leute am Glauben zu hindern. Weiter sagt der Traum indirekt sogar - sofern man an einen göttlichen Willen glaubt, der über Träume verkündet wird - dass der Tod des Thronfolgers Gottes Wille und somit nicht zu verhindern war. Das würde bedeuten, dieser Gott habe sich gegen das Königshaus gewendet. Unvorstellbar für einen Mann der Kirche und einem gehorsamen Diener des Kaisers.

Am 29.6.1914 um 3.30 Hatte Bischof Lanyi einen Traum, den er seiner Mutter und seinem Gast erzählte. Sein Bruder veröffentlichte ihn später in einem Buch.

Der Traum: Per Post hatte Lanyi einen Brief erhalten,
auf dem der österreichische Thronfolger und dessen
Gattin zu sehen war, wie er durch die Straßen fuhr.
Gegenüber saß ein General, neben dem Fahrer saß ein
Offizier. Auf dem Bild sah er auch zwei junge Burschen,
die den Thronfolger mit einer Pistole erschossen. Mit
der Handschrift Franz Ferdinands geschrieben, stand
darauf folgender Text: "Eure bischöfliche Gnaden!
Lieber Dr. Lanyi! Ich teile ihnen mit, dass ich heute mit
meiner Frau in Sarajewo als Opfer eines politischen
Meuchelmordes falle. Wir empfehlen uns ihren
frommen Gebeten und heiligen Messopfern und bitten
Sie, unseren armen Ländern auch fernerhin in Liebe und
Treue so ergeben zu bleiben wie bisher. Herzlich grüßt
sie ihr Erzherzog Franz.

Sarajewo am 28. 6. 1914, halb vier Uhr morgens."

Der Traum drückte sich ganz klar und deutlich aus. Der
Brief nannte den genauen Zeitpunkt, an dem der
Bischof erwachte. Die Voraussage betraf den Tag an
dem Lanyi träumte, also den 28.6.1914. Was geschah?
Am selben Tag um 10.30 wurden der Erzherzog und
dessen Gattin ermordet.

Skeptiker und Parapsychologen argumentieren, man
habe ja gewusst, dass es Spannungen gab, dass der
Erzherzog in Gefahr war, etc. Das mag alles stimmen.
Es hätte aber genauso gut sein können, dass es kein
Attentat gab, oder dass es verhindert hätte werden
können. Es war auch schon eines verhindert worden.
Außerdem hätte es ja auch ganz anders ablaufen können
und es hätte auch nicht genau an diesem Tag stattfinden
und gelingen müssen. Gerade das genannte Datum
spricht gegen einen Zufall.

Halten wir fest: *Gegen zehn Uhr fuhr die Kolonne an
Mehmedbašić vorbei, der eine Bombe werfen sollte,
aber nichts unternahm. Er erklärte seine Untätigkeit
später damit, dass er von Ilić die Anweisung bekommen
habe, die Bombe nur dann zu werfen, wenn er den
Wagen des Thronfolgers erkenne. Dies sei ihm aber
nicht gelungen. Daraufhin schlug Čabrinović die
Sicherung seiner Bombe an einem Laternenmast ab und
warf sie in Richtung des Wagens. Der Fahrer bemerkte
das herbeifliegende dunkle Objekt und gab Gas,
während Franz Ferdinand den Arm hob, um seine Frau
zu schützen. Die Bombe prallte von Franz Ferdinands
Arm ab, fiel über das zurückgelegte Verdeck des Wagens
nach hinten und explodierte kurz vor dem dritten
Automobil, wobei Oberstleutnant Merizzi und Graf
Boos-Waldeck verletzt wurden, außerdem noch ein
halbes Dutzend Schaulustiger.* (wikipedia)

Der Thronfolger sollte also mittels einer Bombe
ermordet werden, doch das Attentat schlug fehl.

*Entgegen den Anweisungen bog die Wagenkolonne auf
Höhe der über die Miljacka führenden Lateinerbrücke
aber in die ursprünglich geplante Route ein. Als Lojka
den Rückwärtsgang einlegte, um zurück auf den Kai zu
gelangen, stand das Fahrzeug einige Sekunden still. Zu
seiner großen Überraschung sah Princip, wie der
Wagen mit dem Erzherzog vor ihm anhielt. Er ergriff
die Gelegenheit, zog seine Pistole und schoss aus
wenigen Metern Entfernung zwei Mal auf das Ziel.*
(wikipedia)

Es bot sich also lediglich eine günstige Gelegenheit den
Thronfolger zu erschießen. Wirklich so geplant war es
aber nicht, denn der Konvoi wäre erstens gar nicht

26

angekommen, wäre das erste Attentat gelungen.
Zweitens sollte das Auto gar nicht mehr die geplante
Route fahren und schon gar nicht an dieser Stelle
anhalten. Lanyi träumte also von der
unwahrscheinlicheren Variante, die eigentlich gar nicht
geplant war.

*Gavrilo Princip sagte aus, dass er die Tat nicht bereue
und sich auch nicht als Verbrecher betrachte, er habe
bloß einen Tyrannen ermordet. Er sagte, dass er ein
Serbe und Revolutionär sei, Österreich-Ungarn hasse
und dessen Untergang wünsche. Niemand habe ihn zur
Tat angestiftet, er bestritt jede offizielle Verbindung zu
Serbien. Zur Bekräftigung behauptete er, dass ihn
Ciganović gewarnt habe, dass die serbischen Behörden
sie verhaften würden, wenn sie von ihrem Plan
erführen. Er sagte auch, dass es ihm leid täte, die Frau
des Erzherzoges, eine Tschechin, getötet zu haben und
dass jener Schuss für Potiorek bestimmt gewesen sei.
(wikipedia)*

Die Attentäter wollten also ursprünglich eine andere,
weitere Person neben dem Thronfolger töten, aber nicht
dessen Gattin.

*Gavrilo Princip fasste im Frühling 1914 in Belgrad den
Entschluss, Franz Ferdinand zu töten, nachdem er in
einer österreichischen Zeitung einen Bericht über
dessen angekündigten Besuch gelesen hatte. Nach
anderen Darstellungen sei der wahre Urheber der Idee
Nedeljko Čabrinović gewesen. (wikipedia)*

Man kann durchaus von zwei Attentätern sprechen, auch
wenn nur einer geschossen hatte. Der erste Attentäter
war zwar gescheitert, aber er hatte es zumindest

27

versucht. Auffällig ist auch eine bildliche
Übereinstimmung. Die Ermordung wurde später bildlich
so dargestellt, dass es auf einer Karte aussah, als
handele es sich um zwei Attentäter, die gleichzeitig
angegriffen hätten. Bilder sagen oft mehr als Worte.

Auch der amerikanische Präsident Abraham Lincoln
erzählte einen Traum seiner Frau Mary und einem
Freund, seinem Leibwächter Ward Hill Lamon, der sich
bald erfüllen sollte. Dieser Traum wurde natürlich
ebenfalls erst nachträglich veröffentlicht. (rockys-
online.de)

Der Traum: "*Vor ungefähr zehn Tagen ging ich sehr
spät zu Bett. Schon nach kurzer Zeit schlief ich ein,
denn ich war müde. Ich begann bald zu träumen. Um
mich herum war toten ähnliche Stille. Dann hörte ich
plötzlich gedämpftes Schluchzen, so als weinten viele
Menschen. Ich glaubte, mein Bett zu verlassen und nach
unten zu gehen. Dort wurde die Stille von dem gleichen
Mitleid erregenden Weinen unterbrochen, doch die
Trauernden waren unsichtbar. Ich ging von Zimmer zu
Zimmer. Nirgends eine Menschenseele, doch verfolgten
mich die gleichen traurigen Schmerzenslaute auf
meinem Rundgang. Jeder Gegenstand schien mir
vertraut, doch wo waren nur die Menschen, die so
bekümmert waren, als bräche ihnen das Herz? Ich war
ratlos und beunruhigt. Was mochte dies alles bedeuten?*

*Entschlossen, den Grund für dieses so geheimnisvolle
und so unheimliche Geschehen herauszufinden, ging ich
weiter, bis ich zum Ostzimmer kam und es betrat. Dort
wurde ich mit einer schrecklichen Überraschung
konfrontiert. Vor mir stand ein Katafalk, und darauf lag
eine in Begräbniskleidung gehüllte Leiche. Darum*

28

An dieser Stelle erwachte der Präsident. Die
Todesvision, so Lamon, ließ Abraham Lincoln nicht
mehr los. Trotzdem setzte er sein Leben fort, als wäre es
nicht bedroht.

Am 15. April 1865 wurde Lincoln von John W. Booth
erschossen. Danach bahrte man den Leichnam im
Ostzimmer des Weißen Hauses auf. Auf einem Katafalk.
Um die tödliche Schussverletzung zu verbergen, legte
man ein Tuch auf sein Gesicht. Soldaten hielten die
Ehrenwache.

Wieder handelt es sich um überraschende
Übereinstimmungen, die mit Zufall nicht zu erklären
sind. Das Interessante an diesem Traum ist, dass er über
den Tod hinaus geht. Lincoln träumte nicht von seiner
Ermordung, sondern von der Zeit nach seinem Tod. Das
ist in jeder Hinsicht ungewöhnlich. Man sollte meinen,
der Angriff auf ihn müsse ihn doch mehr beschäftigen
als die Trauer um ihn. Offenbar interessierte es sein
Traumbewusstsein nicht ob er lebte, oder ob er tot war.
Seine Ermordung schien besiegelt. Was wollte ihm der
Traum nun eigentlich sagen? Der Tod ist nicht das Ende.
Lincoln war vermutlich eher ein Atheist. Das durfte er
nicht offen sagen, weil er dann in den USA keine Wahl
gewinnen hätte können. Spekulationen darüber gab es
viele. Er wies sie zurück. Doch als sein Sohn starb,

machte er einige religiöse Aussagen und er versuchte
mittels Spiritismus Antworten zu finden. Offenbar
beschäftigte ihn die Frage, ob sein Sohn für immer tot
war, oder in einer anderen Dimension weiter lebte.
Sonst hätte er das nicht getan. Eine Antwort hat er
sicher nicht so schnell erhalten. Sein Wunsch wird
jedoch sehr stark gewesen sein. Er wird ihn bis zu
seinem Tod begleitet haben. Die Antwort gab ihm der
Traum sozusagen in letzter Minute. Kurz bevor er selbst
sterben sollte.

Man träumt vor allem von den Dingen, die einen
beschäftigen. Bei Lincoln war es der Wunsch nach einer
Antwort, der ihn quälte. Sein Traum war keine
Warnung, auf welche er hätte hören können. Doch
Warnungen gibt es auch häufig im Traum. Träume
können genauso vor irgendwelchen anderen Gefahren
warnen, nur hört nicht jeder Mensch darauf.

Hitler gehörte zu den Menschen, die darauf hören.
Zumindest behauptete er, einen derartigen Traum gehabt
zu haben, was vielleicht auch erklären könnte, dass er
sich für einen Auserwählten hielt. Es lässt sich zwar
nicht beweisen, aber sein Traum mag ihn zu dieser
irrigen Annahme veranlasst haben. Wer nicht weiß, dass
voraussagende Träume relativ häufig vorkommen, lässt
sich von ihnen nämlich leicht beeindrucken und hält sie
für Zeichen jenseitiger Kräfte. Das kann leicht zu
Größenwahn führen. Hitler ist ein warnendes Beispiel.

In seinem Traum, den er während des 1. Weltkriegs
hatte, sah er sich lebendig unter Tonnen von Erde und
flüssigem Eisen begraben, Blut floss über seine Brust.
Er glaubte zu ersticken. Plötzlich erwachte er und
merkte, dass er nur geträumt hatte. Er verließ den Platz

an dem er sich befand und kurz danach schlug dort eine
Granate ein, seine Kameraden starben, nur er überlebte.

Informationen können lebensrettend sein, wenn wir auf
sie hören. Das Beispiel zeigt auch, dass Träume nicht
immer die wirklich eintretende Zukunft vorher sagen,
sondern mitunter nur die mögliche Zukunft. Nämlich
falls wir nicht richtig reagieren. Doch wenn wir nicht
reagieren wollen, weil wir an der Traumaussage
zweifeln, oder es nicht können, weil die
Trauminformation nicht umfassend genug ist, erfüllen
sie sich mit hundertprozentiger Sicherheit.
Was davon eintreten wird und was nicht, hängt wohl
auch vom Zeitpunkt des Traums ab und davon wie
genau er sich ausdrückt. Träumt man noch "rechtzeitig",
kann man das ungewollte Ereignis vielleicht noch
abwenden. Ist die Information diffus, kann man
meistens nichts unternehmen, weil man nicht weiß,
wogegen man sich schützen soll und zu welchem
Zeitpunkt. Lincoln konnte seinen Tod nicht verhindern,
weil der Traum ihm zwar von seiner Aufbahrung
erzählte, aber nicht vom Angriff selbst. Allerdings hätte
er aufgrund des Traums vorsichtiger sein können.
Wahrscheinlich stand aber schon fest, dass er sterben
würde. Oder das interessierte ihn gar nicht, weil ihn
etwas ganz anderes beschäftigte.

Hitler wurde von seinem Traum wach und stand auf,
weil er vermutlich über den Traum erschrocken war.
Das rettete ihm das Leben. Er folgte unbewusst einem
inneren Impuls, den der Traum ausgelöst hatte. Es gibt
einige Beispiele für solche Impulse, aufgrund derer
jemand überleben konnte. Jeder Mensch besitzt die
Fähigkeit von der Zukunft zu träumen. Aber nicht jeder
Mensch träumt bewusst von Gefahren. Auch dazu

gehört ein besonderes Interesse sich zu schützen. Ängstliche Menschen, oder solche mit paranoiden Ideen werden eher von Gefahren träumen, die auf sie zu kommen, als gelassene Personen die sich sicher fühlen.

Dass Träume keineswegs göttlichen Ursprungs sind, uns also nicht unbedingt Mitteilungen machen die von unbekannten, höheren Wesen stammen, zeigen viele Träume. Es handelt sich bei den meisten Träumen um ganz banale Aussagen. Die Träumenden sind ja auch ganz normale Menschen und ganz und gar keine Heiligen. Warum sollte eine göttliche Macht jemanden ständig schützen wollen?

Ein Beispiel für banale Träume, die noch dazu in totalem Gegensatz zur Lebensweise des Träumenden stehen, betrifft John Williams, einen 80 Jahre alter Quäker. Er war ein Gegner des Glücksspiels. Am 31.5.1933 träumte er, dass er den Kommentar eines Pferderennens im Radio höre. Genannt wurden die Namen der ersten vier Pferde. Zwei dieser Namen konnte er sich merken. Sie hießen Hyperion und King Salomon.
Am nächsten Tag um 16 Uhr fand das Derby statt. Weil er neugierig war hörte er sich den echten Kommentar im Radio an und stellte fest, dass alles genauso gesagt wurde, wie er es geträumt hatte.
(Der Bericht erschien in dem Buch Foreknowledge von Herbert Francis Saltmarsh Verlag: London, G. Bell & Sons, 1938)

Nun wird man sich fragen, wieso ein Mann der sehr fromm ist und das Glücksspiel ablehnt, einen derartigen Traum hat. Betrachtet man die Namen der Pferde genauer, so sieht man, dass einer der Namen in der

Bibel eine wichtige Rolle spielt. Der zweite Name, Hyperion könnte ihm bekannt gewesen sein, wobei schwer zu sagen ist, in welcher Form. Die griechische Mythologie mag dem Quäker vielleicht weniger nahe gewesen sein, als der Eremit Hyperion, im Roman von Hölderlin. Es handelte sich daher wahrscheinlich eher um eine Assoziation, als um den Versuch des Traumbewusstsein, dem frommen Mann die Ergebnisse eines Pferderennens zu übermitteln. Das Unterbewusstsein scheint nach Informationen zu suchen, welche irgendwie ins eigene Weltbild passen. Als frommer Mann welcher Glücksspiele und Wetten hasst, wird sein Unterbewusstsein sich mit der Frage beschäftigt haben, wieso jemand der verbotene Wetten abhält, religiös bedeutsame Namen verwendet.

John Arthur Godley, Baron Kilbracken, war ein britischer Beamter und der am Längsten amtierende - und wohl einflussreichste - Permanent Under-Secretary of State for India. Also kein unbedeutender Zeitgenosse. In der Nacht des 8. März 1946 träumte John Godley von der Abendausgabe der Sonntagabendzeitung. Darin standen die Ergebnisse des Pferderennens. Zwei Pferde, Bindal und Juladin hatten bei Wetten 7:1 erstaunliche Gewinne gemacht. Seinem Freund Richard Freeman erzählte er von seinem Traum. Er setzte auf die Pferde. Bindal gewann mit einer Quote 5:4, Juladin gewann ebenfalls. Am 4.4.1946 träumte er wieder von Pferderennen. Er betrachtete die Siegerliste. An einen Namen erinnerte er sich. Er lautete Tubermore. Auch diesen Traum erzählte er. Jemand fand heraus, dass ein Pferd namens Tuberose lief. Der Name schien ähnlich genug und so setzte er auf dieses Pferd, das tatsächlich gewann. Am 2.7.1946 hatte er wieder einen Traum. Jemand sagte Monurnentor habe 5:4 gewonnen. Er

setzte auf Mentores, weil dessen Name ähnlich klang.
Dieser gewann bei einer Quote von 6:4 (Esotera)

Bei diesem Traum zeigt sich deutlich, dass man von
Ereignissen und Personen träumen kann, von denen man
zuvor niemals gehört hat. Hätte er die Namen der Pferde
zuvor gekannt, wären sie im Traum korrekt
wiedergegeben worden. So aber „verstand das
Unterbewusstsein" die Namen nicht richtig, weil es sich
um eine Information handelte, die zuvor nicht im
Gehirn abgespeichert worden war. Das passiert oft.
Anscheinend ist das Unterbewusstsein nicht
„allwissend". Was deutlich darauf hindeutet, dass es
sich um Informationen handelt. Nur so sind diese
Irrtümer zu erklären.

Charles Dickens zählt zu den populärsten Vertretern der
romantischen Literatur des 19. Jahrhunderts. Jeder
halbwegs gebildete Mensch in Europa hat zumindest
seinen Namen schon einmal gehört. Er erzählte
folgenden Traum: Eine Dame mit rotem Tuch, die ihm
unbekannt war, kam zu ihm. Sie stellte sich als "Miss
Napier" vor.
Während des Tages musste er immer wieder an diesen
seltsamen Traum denken. Am Abend hielt er eine
Lesung. Anschließend erhielt er Besuch von einer
Dame, die er nicht kannte. Sie stellte sich als "Miss
Napier" vor.

Auch dieser Traum ist ein Beweis dafür, dass der Traum
unbekannte Informationen enthielt. Die Dame war ihm
zuvor nie begegnet, sie war auch nicht prominent, er
konnte ihren Namen nicht kennen.

34

Der ebenso bekannte Autor Mark Twain erzählte einen Traum der sich erfüllte. Er träumte vom Tod seines Bruders und dessen Aufbahrung. Alles trat ein, wie er es geträumt hatte.

Im Jahre 1858 arbeitete Twain als Steuermann auf einem Paketschiff zwischen St. Louis und New Orleans. Sein Bruder Henry arbeitete ebenfalls an Bord. Eines Nachts träumte er, sein Bruder Henry liegt in einem Eisensarg. Gekleidet war er in einem von Marks eigenen Anzügen. Auf der Brust des Toten lag ein weißer Blumenstrauß aus Rosen mit einer roten Rose in der Mitte. Der Sarg stand auf zwei Stühlen in einem Raum.

Zwei Tage später fuhr das Boot , auf dem Twains Bruder weiter arbeitete den Mississippi entlang, während Mark Twain in New Orleans blieb. Plötzlich explodierte auf dem Boot ein Boiler und Henry wurde bei diesem Unglück schwer verletzt. Henry starb. Er wurde in einen Anzug von Mark gekleidet und in einem Eisensarg aufgebahrt. Alles war wie im Traum. Nur ein Element fehlte. Der weiße Rosenstrauß war da, aber keine rote Rose war zu sehen. Plötzlich betrat eine Frau den Raum und legte eine rote Rose in der Mitte auf die Brust des Verstorbenen. (Charles Berlitz "World of Strange Phenomena)

 Der Dichter Strindberg bringt einige Beispiele für erfüllte Träume, die alles anderes als spektakulär sind und den Träumen gleichen, die von normalen Durchschnittsmenschen stammen, welche von der Zukunft träumen. Strindberg schreibt in "Inferno":

Zuweilen habe ich in der Nacht Träume, die mir die Zukunft voraussagen, mich gegen Gefahren sichern, mir Geheimnisse enthüllen. So erscheint mir ein längst

35

verstorbener Freund im Traum und bringt ein Geldstück
von ungewöhnlicher Größe. Ich frage ihn nach dem
Ursprung dieses außerordentlichen Geldstücks; er
antwortet: Amerika, und verschwindet mit dem Schatz.

Am nächsten Tag erhalte ich einen Brief mit
amerikanischer Marke; er ist von einem Freund, den ich
seit zwanzig Jahren nicht gesehen habe, und teilt mir
mit, der Auftrag, eine Schrift für die Ausstellung von
Chicago zu verfassen, habe mich vergeblich in ganz
Europa gesucht. Es handelt sich um ein Honorar von 12
000 Franc, eine ungeheure Summe für meine damalige,
verzweifelte Lage, das mir entgangen war. Diese 12 000
Franc hätten meine Zukunft gesichert! Aber kein
anderer als ich hat gewusst, dass der Verlust dieses
Geldes mir als Züchtigung auferlegt war für eine
schlechte Handlung, die ich im Zorn über die
Treulosigkeit eines literarischen Mitbewerbers
begangen hatte.

Ein anderer Traum von weiterer Tragweite ließ mich
Jonas Lie sehen, wie er eine Pendeluhr aus vergoldeter
Bronze mit ungewöhnlichen Verzierungen trägt.
Als ich einige Tage später den Boulevard Saint-Michel
hinunter ging, zog das Schaufenster eines Uhrmachers
meine Aufmerksamkeit auf sich.Da ist die Uhr des
Jonas Lie, rief ich aus.
Wahrhaftig, es war dieselbe. Von einer Himmelskugel,
an die sich zwei Frauen lehnen, gekrönt, ruht das
Räderwerk auf vier Säulen. In der Kugel war ein
Datumsanzeiger angebracht, der den dreizehnten August
zeigte.In einem nächsten Kapitel werde ich erzählen,
wie verhängnisvoll dieses Datum des 13. August für
mich wurde. Diese kleinen Vorfälle und andere
ereigneten sich während meines Aufenthaltes im Hotel

Orfila zwischen dem 6. Februar und dem 19. Juli 1896.

Strindberg hat sich immer genau an seine
Tagebuchnotizen gehalten, deshalb muss man davon
ausgehen, dass sich alles genauso wie beschrieben
abgespielt hat. Seine Erklärungen zwischendurch, die
eine Begründung für ein böses Schicksal sind, rühren
von seiner mystischen Einstellung her und sind aus der
Zeit heraus verständlich.

Wie entstehen Träume?

Viele Menschen „lehnen es ab" an paranormale
Phänomene zu glauben, so als würde es davon
abhängen, ob wir etwas glauben wollen, oder nicht.
Vorurteile, sowie das Festhalten an Althergebrachtem
sind ganz natürliche Verhaltensweisen die notwendig
sind, um eine gewisse Kontinuität in der Entwicklung
einer Gesellschaft herzustellen. Eine Gesellschaft die
sich begierig auf alles Neue stürzt, um es kritiklos zu
übernehmen, wäre schnell dem Untergang geweiht.
Denn nicht alles Neue ist auch richtig, oder gut. Eine
Gesellschaft die sich aber beharrlich weigert, Neues auf
seinen Wert hin zu überprüfen um es zu übernehmen
wenn es sich als richtig erweist, ist auch ihrem
Untergang geweiht. Denn ständiges Festhalten an
Althergebrachtem bedeutet Stagnation. Wer sich nicht
weiter entwickelt, wird früher, oder später denen
unterliegen, die sich weiterentwickelt haben. Daher
sollte jeder genau prüfen was ihm als neu präsentiert
wird. Kritisch und ohne Vorurteile, um es nach bestem
Wissen und Gewissen zu akzeptieren, oder zu
verwerfen.

Seit dem Jahr 2000 stellte ich Träume ins Internet um zu
beweisen, dass Träume sich in der realen Welt durchaus
erfüllen können. Sie können Voraussagen treffen, aber
auch über Ereignisse berichten, die sich zeitgleich mit
dem Traum ereignen. Meistens erfahren wir nicht, dass
wir von realen Ereignissen träumen, weil die Menschen
in unserer Umgebung ja nicht alles erzählen was sie
erlebt haben. Andererseits träumen wir von Menschen
die wir kennen, obwohl diese Menschen nicht erleben,

38

was wir über sie geträumt haben. Das verwirrt uns, weil
wir nicht erkennen, dass die Personen von denen wir
träumen, nicht immer wirklich sie selbst sind. Die
Personen in unseren Träumen sind uns sehr oft in
Wahrheit unbekannt. Trotzdem glauben wir in ihnen
Personen zu erkennen, die uns bekannt sind. Es handelt
sich dabei also eigentlich nur um Assoziationen.
Beobachtet man seine Träume über einen längeren
Zeitraum hinweg, wird einem jedoch oft schon während
man träumt bewusst, dass diese Personen meistens (im
Traum) ganz anders aussehen als in der Realität. Dann
handelt es sich meiner Meinung nach um eigentlich
fremde Personen.

Man sollte nicht automatisch annehmen, Träume
würden immer etwas über die Personen aussagen, von
denen man gerade zu träumen glauben. Im Gegenteil
träumen wir sogar eher selten von den Menschen, die
wir im Traum zu sehen glauben. Meistens sind es
Fremde. Man könnte es so beschreiben: Der Traum setzt
den Traumfiguren Masken auf die uns bekannt sind.
Unter diesen Masken tummeln sich jedoch völlig
fremde Personen.

Mitunter habe ich Träume in denen ich plötzlich nicht
mehr weiß wer die Leute sind, die mir im Traum
begegnen. Kurz zuvor dachte ich noch es seien
Bekannte, oder Verwandte, die ich im realen Leben aber
nicht habe. Sie haben schon in der Traumhandlung
keine äußere Ähnlichkeit mit meinen echten Bekannten
und Verwandten. Dann wird mir offenbar plötzlich
bewusst, dass ich in Wahrheit von fremden Menschen
träume. Was den logischen Schluss nach sich zieht, die
Person die ich zu sein glaube, bin ich gar nicht selbst.
Also ist auch die Person für welche ich mich halte – das

bin ich – nicht ich, sondern ein fremder Mensch. Ich schlüpfe nur in ihr Gewand. Das bedeutet wir identifizieren uns meistens nur mit einer Person, die in einem Traum auftritt, so wie manche Leute sich mit einer Romanfigur identifizieren, während sie ein Buch lesen. Das schafft Verwirrung bei der Interpretation von Träumen, wenn wir uns dessen nicht bewusst sind. Die meisten Menschen sind sich dessen leider nicht bewusst.

Dazu kommt, dass wir manchmal auch von Ideen, Wünschen, Ängsten, oder einfach nur von Gedanken träumen, die entweder wir selbst, oder die (echten) Traumpersonen haben, jedoch ohne diese jemals zu realisieren. Wir träumen also auch von Absichten, die niemals in die Tat umgesetzt werden. Träume sind im Prinzip nichts weiter als bildlich dargestellte Gedanken.

Ich stelle mir die Entstehung eines Traums ungefähr so vor:

Man fährt quasi in einem Zug durch die Gegend und dabei ziehen viele Bilder an einem vorüber. Man sieht Menschen die gerade etwas tun, Tiere, Häuser, Landschaft. Zudem macht man sich gleichzeitig Gedanken über alles Mögliche und im Abteil in dem man sitzt befinden sich Reisende die man auch wahrnimmt und teilweise beobachtet. Vielleicht unterhält man sich auch zeitweise mit ihnen. Aus all diesen Eindrücken entsteht eine Erinnerung an die Reise, die man gerade macht. In unserem Gleichnis das ich hier bringe, ist diese Erinnerung der Traum. Würde man die Erinnerung erzählen, so würde zeitlich vermutlich nicht alles linear ablaufen, weil man sich gar nicht so genau erinnern kann was man genau wann und wo gesehen, oder gedacht, oder gehört hat. Es handelt

40

sich ja im Prinzip um viele Erinnerungen, die sich
miteinander vermischen. Alle miterlebten Ereignisse
existieren unabhängig voneinander. Es gibt keinerlei
Verbindung, denn diese Verbindung ist nur man selbst,
der Beobachter. Gleichzeitig beobachtet man sich
vielleicht auch selbst. So ähnlich ist es im Traum. Wir
können dann aber nicht mehr unterscheiden wer welche
Person ist und ob jemand etwas getan, oder nur gedacht
hat, weil der logische Verstand und das Zeitgefühl im
Traum fehlen. Für letzteres sind bestimmte
Hirnregionen zuständig, die dafür sorgen, dass wir
wissen was Gegenwart und was Vergangenheit ist.
Kommt es dort zu Verletzungen, lebt der Betroffene
plötzlich (geistig) in der Vergangenheit. Im Zustand des
Traums dürften diese Hirnregionen abgeschaltet sein.
Bisher habe ich dazu aber noch keine Studie gefunden.

Wie man zu träumen beginnt, kann ich aber sagen, denn
da habe ich einmal sehr genau beobachten können. Als
ich im Bett lag, dachte ich zuerst noch nach. Nach
einiger Zeit machten sich meine Gedanken
selbstständig. Ich konnte sie zwar beobachten, aber
nicht beherrschen. Es war als würde nicht ich sie
denken. Zwischen den Worten tauchten plötzlich
vereinzelt Bilder auf. Wie ich bereits erwähnte sehe ich
im Wachzustand nichts in meinem Kopf. Deshalb
merkte ich wie sich meine wörtlichen Gedanken immer
öfter in Bilder verwandelten. Schließlich wurde aus dem
Gedankenfluss eine Geschichte. Ich träumte. Danach
verlor ich das Bewusstsein. Der Traum hatte die
Oberhand gewonnen. Ich schlief.

Träume weisen noch eine Dimension zusätzlich auf - sie
berichten uns auch von zukünftigen Ereignissen, die wir

normalerweise nicht erfahren. Bewusst können wir
meistens nicht in die Zukunft schauen, oder zumindest
nur spontan und ganz kurz. Unterbewusst können wir es
vermutlich sehr oft, oder jedenfalls öfter als wir denken.
Nimmt man nun dieses unterbewusste Wissen um die
Zukunft mit in das Beispiel, das wäre das Wissen um
den Weg den der Zug nehmen wird, haben wir das was
einen Traum ausmacht. Er besteht aus den
verschiedensten Elementen und verknüpft sie zu einem
schwer entwirrbaren Knäuel an Informationen.

Träume scheinen oft bizarr und sinnlos zu sein, weil uns
nicht bewusst ist, dass wir nur der Beobachter sind. Wir
sind eigentlich das verbindende Element der
verschiedenen, dargestellten Ereignisse. Wir nehmen
etwas wahr, das man mit den bekannten fünf Sinnen
nicht wahrnehmen kann. Es sind kunterbunte eigene
Gedanken, aber auch die von fremden Lebewesen,
ebenso verschiedene Ereignisse die in der Zukunft
liegen.
Träume bestehen also aus vielen verschiedenen
Elementen, die objektiv gesehen miteinander meistens
gar nicht in Beziehung stehen. Sie psychologisch zu
analysieren ist im Prinzip sinnlos. Trotzdem können sie
etwas über die träumende Person aussagen, weil
einzelne Traumelemente natürlich auch die Gedanken
der träumenden Person beinhalten. Das
Unterbewusstsein greift sich diejenigen Elemente aus
dem Geschehen, die für die träumende Person wichtig,
oder interessant sind. Allerdings ist es schwer
festzustellen, was nun die eigenen und was die fremden
Gedanken sind. Ob es sich nur um verfremdete Bilder
handelt, oder ob wir alles so sehen wie es real aussieht.
Abgesehen davon enthalten Träume wohl auch noch
zusätzlich Symbole, die wir als solche nicht immer

erkennen. Um alles noch komplizierter zu machen, enthalten Träume mitunter auch telepathische Nachrichten von anderen Personen, während man träumt.

Traumanalysen

Traumanalysen sind moderner denn je, wobei man teilweise davon abgekommen ist, zu analysieren. Vielfach wird mit Träumen „gearbeitet", assoziiert, etc. was noch am ehesten einen Sinn ergibt, weil dabei die Gedanken die man zum Traum entwickelt wichtig werden und nicht der Traum selbst. Dasselbe könnte man aber auch erreichen, indem man irgendeine Geschichte nimmt und diese auf die gleiche Weise „analysiert". Ich halte Traumanalysen für genauso „wissenschaftlich" wie Astroanalysen, weil man nie mit Sicherheit sagen kann, welche Bedeutung Traumgeschichten für die träumende Person haben, bzw. ob eine solche überhaupt besteht.

Im Laufe meiner Traumstudien und Beobachtungen habe ich festgestellt, dass es mitunter auch vorkommt, dass mehrere Personen faktisch fast denselben Traum in einer Nacht haben können, wobei es allerdings immer kleinere Unterschiede in der Handlung gibt. Ob das nun insofern Telepathie ist, als eine Person die Träume einer anderen aufnimmt, oder ob alle Personen die (fast) denselben Traum haben, sozusagen gleichzeitig dasselbe Ereignis „beobachten", kann ich nicht sagen. Zufall ist auszuschließen, wenn es sich bei den Träumen um eher selten vorkommende Traumbilder handelt. In meiner Traumsammlung findet sich folgendes Beispiel:

Zwei Personen die sich zwar in ein und derselben Wohnung, aber in verschiedenen Zimmern befanden, träumten am 3.9.2002 (beide in derselben Nacht) vom selben Thema: von wilden Tieren in einem Gehege.

Die erste Person träumte:

"Wir hatten einen Bären, den wir auswildern wollten.
Wo genau er sich befand lässt sich schwer sagen.
Entweder lebte er wild, aber in der Nähe der Menschen,
oder in einem Gehege. Einen anderen hatten wir bereits
ausgewildert. Die Bären waren nicht sehr groß. Sie
waren dunkelbraun. Es war schwierig den Bären aus der
Stadt zu lotsen, weil die Anwesenheit vieler Menschen
ihn wild machte. Deshalb kam es mehrfach zu
gefährlichen Situationen. Wir fragten jemanden nach
dem Weg. Die gefragte Person zeigte uns, dass wir den
geraden Weg vor uns wählen sollten, nicht den der nach
rechts führte. Der gewählte Weg führte uns direkt nach
Vorarlberg.

Später waren wir wieder in der Nähe von Menschen. Als
diese dem Bären zu nahe kamen sagte er (und es klang
wie von einem Roboter gesprochen): „Achtung, andere
Spezies, Verletzungsgefahr!" Das bedeutete wir mussten
für etwas Abstand sorgen. Damit war die Gefahr
gebannt."

Die zweite Person träumte:

"Wir waren in einem Hotel in Schönbrunn. Dort gibt es
auch Bären. Zeitweise konnte ich die Tiere in den
Gehegen sehen. Nach einiger Zeit zogen wir aus,
vergaßen aber unseren Hund und unser Gepäck.
Deshalb fuhren wir wieder zurück und holten was wir
vergessen hatten."

Wie man sieht handelt sich zwar um keine absolute
Übereinstimmung, aber das Thema um das es geht ist
dasselbe. Es geht in beiden Träumen um Bären, die sich
45

in einem Gehege befinden. Warum das Thema so interessant war, weiß ich leider nicht. Vielleicht handelte es sich um einen Traum der die Zukunft zeigte. Rückblickend kann ich nicht sagen, ob damals Bären in Österreich auftauchten, oder ob man welche auswildern wollte. Vielleicht gab es Artikel über Schönbrunn, oder über Bären in einem Gehege. JJ1, ein Braunbär, bekannt geworden als „Bruno", ist 2004 eingewandert und 2006 abgeschossen worden. Er war im Mai 2006 aus der italienischen Provinz Trentino nach Norden gewandert und hielt, sich längere Zeit im im bayerisch-österreichischem Grenzgebiet au. Er war seit über 170 Jahren der erste Braunbär, der in Deutschland in freier Wildbahn auftrat. Im italienischen Trentino wurden zwischen 1999 und 2002 wurden 10 Bären aus Slowenien freigelassen – also ausgewildert. Es ist schwer zu sagen ob der Traum die Vergangenheit erzählte, die Zukunft, oder die damalige Gegenwart. Da es in diesem Zusammenhang um Verletzungsgefahr ging, könnte es um die Zukunft gehen, den Bruno wurde als Problembär eingestuft, der für Menschen gefährlich werden könnte. Was zutrifft ist für unsere Überlegungen diesmal nicht relevant. Es geht um zwei Träume, die fast zeitgleich bei verschiedenen Menschen auftraten.

Ein anderes Beispiel bei dem drei Personen sehr ähnliche Träume hatten. Aber nicht alle in derselben Nacht. Keine der Personen wusste von den Träumen der anderen. Erst nachdem eine Person ihren Traum erzählte und die anderen ebenfalls ihre Träume erzählten, wurden die Aufzeichnungen verglichen.

Am 2. 2. 2002 träumte Person A von Person B die ihr bekannt ist (Person A war ich):

46

Person A träumte: „Person B konnte das Auge herausnehmen, was sie auch mehrmals tat. Ich wunderte mich, dass sie dabei keine Schmerzen hatte. Es war aber sicher kein Glasauge, sondern ein echtes Auge. Dazu fiel mir meine Tante ein, die vor einiger Zeit eine Augenoperation gehabt hatte (das entspricht der Realität). Da wurde angeblich das Auge herausgenommen und dann behandelt. Ob das tatsächlich der Fall war, entzieht sich meiner Kenntnis. Sie hatte unter dieser Operation sehr gelitten.

Das Auge von Person B hing aber nicht an Nerven, oder Muskeln und auch das wunderte mich sehr.“

In derselben Nacht träumte Person B, das Kind von dem ich geträumt hatte:

„Ich hatte aus irgendeinem Grund Angst davor, ich würde mein Auge verlieren (das entspricht der Szene, in der A träumte, B würde das Auge heraus nehmen – Anmerkung) und hatte Angst, dass ich dann nicht mehr zeichnen und lesen könne.“

Einige Tage vorher hatte Person C von Person B geträumt:
Person C träumte: „Sie (Person B) konnte das Auge herausnehmen und wieder hineinstecken. Das sah gruselig aus und Person B tat es immer wieder um uns zu ärgern.“

In diesem Fall ist die Übereinstimmung wohl überzeugend. Zufall kann wohl keine Rolle spielen. Wie ist diese Übereinstimmung zu erklären?

Es kann sich nur um telepathische Übertragung zwischen A und B handeln. Das erklärt aber nicht, dass

47

C schon vorher dasselbe träumte. Entweder haben
Person A und Person B schon zu der Zeit als Person C
von dem Auge träumte, unterbewusst den Traum
aufgenommen und erst später verarbeitet. Oder Person
C hatte einen präkognitiven Traum, wusste also was die
beiden anderen Personen träumen würden. Es ist
unwahrscheinlich, dass wir einfach das Erlebnis der
Tante verarbeiteten, denn dann hätte vermutlich
zumindest eine weitere Person von der Tante träumen
müssen, was aber nicht der Fall war. Zudem lag dieses
Ereignis weit in der Vergangenheit, scheidet also als
Bewältigung des Alltags aus. Eher fiel mir im Traum
ein, was die Tante erlebt hatte, weil der Traum mich
dazu inspirierte. Ein Auge verlieren ist für jeden
Menschen eine schlimme Sache. Person B zeichnete
damals viel, was der Traum auch deutlich ausdrückt. Für
sie wäre der Verlust der Sehkraft besonders belastend
gewesen. Da Person A und C in diesem Zusammenhang
von Person B träumten, scheint es der Traum von
Person B gewesen zu sein, der auf die beiden anderen
Personen wirkte. Person B dürfte jedoch von einer
fremden Person geträumt haben, mit der sie sich
identifizierte.

Eine andere Möglichkeit wäre, dass die Person C die
das Thema „Auge" träumte, faktisch die Ursache für
den Traum von Person B. war. Person B. nahm den
Traum auf, fühlte, dass jemand über sie etwas für sie
Beängstigendes geträumt hatte. Der beängstigende
Hinweis, jemand würde denken sie könne das Auge
verlieren, könnte bei ihr zur Überlegung geführt haben:
was passiert wenn es real geschieht? Person A hingegen
übernahm den Traum von C. „neutral" und fast
übereinstimmend. Dabei gab es keine Angst, weil C
nicht angstvoll geträumt hatte. C stellte lediglich eine

48

(mögliche) Situation dar die „gruselig", aber offenbar nicht gefährlich war. Vielleicht war es bei ihr tatsächlich so, dass sie dabei eigentlich an die Tante dachte, das aber im Traum nicht zum Ausdruck kam? Oder sie träumte von jemand anderem, der die Maske von Person B trug. Der Traum zeigt aber auch, dass hier eine Konkurrenzsituation herrschte, wie unter Kindern üblich, was in den Traum einfließt. Beide sind Geschwister. B wollte im Traum von C die anderen Kinder ärgern, erschrecken. Sie stellte sich also lediglich die Frage - warum tut sie das, will sie uns ärgern, oder erschrecken? A dachte hingegen nicht daran, es könne sich hier um einen Streich handeln, weil sie ja keines der Geschwister ist. Sie wunderte sich bloß, weil die Situation eigenartig war; vielleicht auch weil die Assoziation Tante-Auge im eigenen Traum auftauchte, also vielleicht die Tante quasi durch B ersetzt worden war.

Nachträglich habe ich im Internet nachgelesen ob es um 2002 herum einen Fall gab, bei dem jemand sein Auge heraus riss. Alle derartigen Ereignisse stammen aus der Zeit nach 2002. Der erste Fall scheint 2005 passiert zu sein. *„Wie die Nachrichtenagentur AP meldet, soll R&B-Sänger Houston sich im Kampf mit dem Teufel ein Auge herausgerissen haben. Dies teilte sein Management mit. Marco Powell, sein Leibwächter, fand den Sänger in der vergangenen Woche in einem Londoner Hotelzimmer. Powell wollte vor der Nacht noch nach Houston sehen. "Auf dem Boden des Zimmers sah ich Blut. Er lag auf dem Bett und hatte ein Handtuch um den Kopf gewickelt. Als ich das Handtuch weg nahm, sah ich, dass sein Auge heraushing", wird Powell in einer Erklärung zitiert. Seine*

Es handelt sich um keinen Einzelfall, häufig kommen
solche Selbstverstümmelungen aber nicht vor. Seit 2002
höchstens drei oder viermal. Deshalb muss man auch in
diesem Fall die Möglichkeit der Präkognition
berücksichtigen.

Geht man von der Theorie aus, es handele sich bei
diesen Träumen um Telepathie, muss man sich fragen,
was Telepathie überhaupt ist. Gibt es Telepathie und
wenn ja, ist es ein Privileg des Menschen? Was man
deutlich erkennen kann ist, dass es sich bei diesen
Träumen um Überlegungen handelt. Im Traum wird
auch nachgedacht und nicht einfach nur erlebt.

Die Wahrscheinlichkeit dass drei Personen innerhalb
kurzer Zeit, bzw. fast gleichzeitig von derselben Person
in annähernd derselben Weise träumen, ist minimal.
Vielleicht haben wir alle öfter Träume, die auch andere
Personen gleichzeitig haben, wenn auch in
abgewandelter Form. Da man einander jedoch selten
Träume erzählt, lässt sich das schwer feststellen. Dazu
wäre es nötig, dass mehrere Menschen ein
Traumtagebuch führen und dieses regelmäßig
vergleichen. Die abgewandelte Form der Träume erklärt
sich dadurch, dass paranormal entstandene
Informationen selten perfekt sind, weil sie eben auch die
eigenen Gedanken zu dem aufgebrachten Thema
(Ereignis) enthalten – oder vielleicht sogar sind.

Im Zustand des Schlafes können wir insofern bewusster
auf Informationen zugreifen, die uns über die derzeit
bekannten Sinne nicht zugänglich sind, weil diese

50

Informationen nicht vom „inneren Zensor" dem
Bewusstsein vorenthalten werden können. Wenn wir
unsere Träume beobachten, blicken wir direkt und
„unzensuriert" in tiefere Schichten, die uns während wir
wach sind, normalerweise verborgen bleiben. Diese
Informationen sind jedoch immer da, sie werden
ständig gewonnen, aber ausgefiltert. Würde man nun
aber diese beiden, hier als Beispiel gebrachten Träume –
den Bärentraum und den Augentraum – analysieren,
käme wahrscheinlich nur Unsinn dabei heraus. Der Bär
ist ein Bär und das Auge ein Auge und nicht als Symbol
zu verstehen. Gewisse Elemente bieten zwar Einblicke,
wie der Umstand, dass ein Kind daran dachte, das
andere würde es ärgern wollen und eines sich Sorgen
machte, das Augenlicht zu verlieren. Für eine
Psychoanalyse wäre eine Deutung dieser Träume aber
eher irreführend.

Telepathie bei Tieren

Kommunikation und Erkennen von günstigen
Jagdplätzen sind für Tiere und Menschen die vom Jagen
leben, eine wichtige Notwendigkeit. Einerseits spielt das
Wetter eine große Rolle, also die Jahreszeit, wo und
wann man die Beute findet. Hier hilft (dem Menschen)
das Verstehen der Wanderung von Sonne, Mond und
den Gestirnen, das Wetter und das Verhalten der Tiere,
um vorher zu sagen wo sich die Beute vermutlich
aufhalten wird. Sich mit anderen über weite Strecken
verständigen ist auch ein wichtiges Hilfsmittel. Nicht
das sinnlose Geplapper der Menschen die
„kommunizieren", sondern die Möglichkeit, andere
Tiere, bzw. Menschen der eigenen Gruppe zu warnen,
oder sie um Hilfe zu bitten. Man kann sich auch mit
Lauten verständigen, z. B. mit trommeln, schreien,
jodeln, oder Rauchzeichen geben. Elefanten nutzen etwa
den Infraschall. Eine Art der Kommunikation welche für
Menschen erst durch die Entwicklung der Technik
möglich wurde. Der natürlichen Kommunikation über
größere Strecken sind gewisse Grenzen gesetzt.

Man könnte sich auch telepathisch „unterhalten", oder
mit dem inneren Auge „sehen" wo sich die Tiere
befinden, die man jagen möchte.
Entwicklungsgeschichtlich wäre es daher logisch
anzunehmen, dass Telepathie und Hellsehen tierischen
Ursprungs sind. Vielleicht ist diese Fähigkeit sogar beim
Menschen weniger ausgeprägt als beim Tier. Der
moderne Mensch braucht diese Form der

Informationsgewinnung nicht mehr in dem Maße, wie
der Mensch der in der Wildnis lebt, oder wie das Tier,
das in besonderer Weise der telepathischen
Kommunikation bedarf. Es könnte sein, dass die
telepathische Kommunikation eine sehr alte Form der
Informationsübertragung darstellt, was erklären würde,
dass Telepathie meistens unterbewusst, oder halb
bewusst abläuft und deshalb vor allem in Träumen
erkennbar wird.

In Russland wurde der folgende Versuch durchgeführt:

Neugeborene Kaninchen wurden in einem Unterseeboot
mitgeführt, das auf Tauchstation ging. Die Gehirnströme
der Kaninchenmutter, welche im Laboratorium an Land
blieb, wurden gemessen, während in dem U-Boot
nacheinander ihre Kinder getötet wurden. Die
Kaninchenmutter schaffte, was keinem Funksignal mehr
gelingt, sobald sich ein U-Boot unter Wasser befindet:
sie behielt Kontakt zu den Jungtieren. Ein Ausschlag
ihrer Hirnstromkurve zeigte exakt jeweils den
Augenblick an, in dem ein Kaninchenkind getötet
wurde.

Ein grausamer Versuch. Nur leider passiert ähnliches
Tag für Tag unzähligen Tieren und natürlich auch
Menschen. Da es wahrscheinlich für Tiere unerträglich
und sinnlos wäre, ständig das Töten ihrer Jungen
bewusst mitzuerleben - Tiere sterben in der Natur im
Allgemeinen bald - kann man vermuten, dass es sich
dabei nicht immer um bewusstes Mit-Erleben handelt.
Man kann daher davon ausgehen, dass die paranormale
Informationsgewinnung in älteren Teilen des Gehirns
angesiedelt ist. Es wird unter normalen Umständen nicht
bewusster telepathische Informationen aufnehmen, als

53

wir Menschen es tun. Vielleicht spielen dabei auch die Lebensumstände eines Tieres eine große Rolle. Wird ein Tier in einem Labor im Käfig gehalten, leidet es. Ihm fehlt die Beschäftigung, es ist alleine und hat Angst. Eine extreme Situation für das Tier, wie sie in der Natur vermutlich selten ist. Es ist noch mental und auch körperlich (insofern als die Hormone noch aktiv sind) mit den Jungtieren verbunden. Warum sollten Tiermütter nicht an ihre Kinder denken und sich um sie sorgen? Sie tun es genauso wie wir Menschen. Äußere Ablenkung verhindert meistens das Bewusst werden unterbewusster, oder halb bewusster Informationen. Das geht den Menschen nicht anders. Deshalb wirkt Meditation. Auch meditieren ist eine extreme Situation. Man schafft künstlich Langeweile, Einsamkeit, Frust. Je weniger äußere Reize es gibt, desto lauter wird das Innenleben. Bei diesem bedauernswerten Tier wurde künstlich ein Zustand hergestellt, welcher zu einer erhöhten Konzentration auf die Jungen führte. Deshalb wusste es immer, sobald man eines ihrer Kinder tötete.

Rupert Sheldrake befasst sich mit der Telepathiefähigkeit von Tieren.

Kate Laufer, eine Hebamme und Sozialarbeiterin, arbeitet in der norwegischen Stadt Solbergmoen und kommt unregelmäßig und oft unerwartet nach Hause. Durch das Verhalten von Terrier Tiki, dem Hund der Familie, weiß ihr Mann jedoch immer ganz genau wann sie auf dem Heimweg ist. Durch sein demonstratives Warten in der Nähe der Tür, kurz bevor sein Frauchen nach Hause kommt, signalisiert er die baldige Ankunft.

Laborversuche funktionieren meistens anders. Auf die Verbundenheit zwischen Mensch und Tier wird wenig

Wert gelegt. Aber genau das ist in diesem Fall enorm wichtig.

Unter der Überschrift »Tierische Wahrheit« berichtete die ZEIT (Nr. 7/99) über eine Kontroverse unter Englands Parapsychologen. Rupert Sheldrake will bei dem Terrier Jaytee in Ramsbottom übersinnliche Fähigkeiten beobachtet haben: Wiseman ist in Großbritannien als ausgewiesener Skeptiker bekannt. Er tritt regelmäßig im Fernsehen auf und bestreitet dort die Existenz parapsychischer Phänomene. Er führte drei Experimente mit dem Hund Jaytee durch. In allen drei Experimenten wartete dieser dort viel länger beim Fenster, wenn seine Besitzerin auf dem Heimweg war, als im restlichen Zeitraum. Im Durchschnitt saß Jaytee 8 Prozent der Zeit am Fenster, bevor sie aufbrach. Er verbrachte dort aber 78 Prozent der Zeit, wenn sie auf dem Nachhauseweg war.

Auch Menschen denken oft an jemanden genau in dem Moment, in dem dieser an sie denkt. Doch Menschen wischen diese Gedanken meist beiseite, vor allem dann, wenn sie keine Bestätigung vom anderen erhalten, der gerade an sie denkt. Hunde reagieren da spontaner. Ob jeder Hund diese Fähigkeit auch in diesem Ausmaß besitzt wie Tiki und Jaytee, lässt sich schwer sagen. Jede mögliche Fähigkeit ist unter den Lebewesen ungleich verteilt. Einer hat davon mehr, einer gar nichts. Auch Hunde haben ein Unterbewusstsein (das weiß ich weil es ein Medikament gibt, mit dem Hunde für Operationen betäubt werden. Es schaltet das Bewusstsein aus, also hat der Hund ein Bewusstsein und somit auch ein Unterbewusstsein). Deshalb muss man davon ausgehen, dass auch sie, ebenso wie wir Menschen, nicht alles bewusst erleben. Auch Tiere träumen, wie sich leicht feststellen lässt. Sie bewegen sich oft im Schlaf und machen Geräusche. Hunde knurren, oder winseln, unserer heult sogar manchmal wie ein Schlossgespenst, was übrigens sehr unheimlich ist. Was diese Tiere träumen kann man nicht feststellen, weil sie es uns nicht erzählen können. Geht man aber davon aus, dass sie eine telepathische Fähigkeit wie die Menschen besitzen und träumen, werden ihre Träume den unseren vermutlich sehr ähnlich sein. Abgesehen davon, dass sie wohl von den Dingen träumen, von denen sie betroffen sind. Sie werden von ihren Hundefreunden träumen, vom Jagen und vielleicht auch vom Verlassen, oder dem Gequält werden.

Warum erinnern wir uns an unsere Träume?

Menschen schlafen im Normalfall nachts. Was sollten die Menschen früherer Zeiten in der Finsternis auch tun? Dunkelheit ist unheimlich. Alles wirkt anders als am Tag. Feinde kann man nicht erkennen, Raubtiere machen Angst. Selbst in einem gemauerten Haus, in der gemütlichen Stube, geschützt vor vielen Gefahren, fühlt man sich bei Kerzenschein nicht wirklich wohl. In unserer modernen Zeit der Glühlampen, hat sich unsere Schlafenszeit etwas geändert. Man ist nachts oft wach, während man tagsüber schläft. Ein ungesundes Verhalten. Wahrscheinlich verfügen wir heute über mehr Freizeit, als die Menschen früherer Zeiten. Sie mussten hart arbeiten. Am Abend waren sie dementsprechend müde. Viele Menschen sind hingegen körperlich nicht ausgelastet und schlafen fast zu viel, aber zur falschen Zeit. Das ist das andere Extrem. Leichterer Schlaf tritt meist dann auf, wenn das Schlafbedürfnis bereits gestillt ist. In diesen Phasen fällt es meistens auch leichter, sich an seine Träume zu erinnern. Auch das Mittagsschäfchen ist oft nicht tief genug, um den Traum zu vergessen.

Träume treten nicht nur, wie man früher dachte, während bestimmter Schlafphasen auf. Die Wahrscheinlichkeit,dass man mitten im besten Schlaf von einem Traum geweckt wird, ist jedoch äußerst gering. Meistens handelt es sich dann entweder um

einen Angsttraum, oder um einen Traum der eine
Aussage enthält, die einem sehr wichtig erscheint. Auch
während des Traumzustands bleibt ein Rest von Willen
bestehen, der ins Traumgeschehen eingreifen kann, oder
der uns wecken kann, wenn ein Traum quälend wird.
Manche Menschen leiden häufig unter Angstträumen,
von denen sie geweckt werden. Meistens handelt es sich
dabei um Träume die besonders realistisch erscheinen,
auch wenn ihr Inhalt absurd sein mag. Je jünger jemand
ist, desto eher wird er unter Alpträumen leiden.
Stresssituationen mögen als Auslöser auch eine gewisse
Rolle spielen. Mit tatsächlichen Ereignissen des Tages
haben sie jedoch meistens relativ wenig zu tun. Sofern
sie sich überhaupt auf reale Erlebnisse beziehen, sind es
eher solche, die schon lange zurück liegen. Sehr kleine
Kinder träumen oft von Monstern.

Ich bin schon öfter von einem Traum geweckt worden
und immer waren es aufregende Träume, die mich aus
dem Schlaf gerissen haben. Nur einmal konnte ich einen
direkten Zusammenhang mit einem vorhergehenden
Ereignis herstellen. Damals sah ich im Fernsehen einen
Kriegsfilm. Eine Handgranate wurde in einen Keller
geworfen. Man sah Staub, sehr kurze Szenen, an der
Schwelle zur unterbewussten Wahrnehmung.
Körperteile flogen durch die Luft und man hörte
Schreie. Diese Szene scheint mich so ergriffen zu
haben, dass ich sie in dieser Nacht genauso im Traum
erlebte, wie sie im Film dargestellt worden war. Mir
machte dieser Traum so große Angst, dass ich davon
wach wurde und als ich wieder einschlafen wollte und
die Augen schloss, sah ich die Szene noch einmal,
obwohl ich noch total wach war. Wie erwähnt bin ich
normalerweise nicht in der Lage, etwas vor meinem
geistigen Auge zu sehen, wenn ich ganz wach bin.

Deshalb macht es mir Angst wenn ich einmal etwas
sehe. Dasselbe wiederholte sich anschließend ein
weiteres Mal. Ich sah also diese eine Szene dreimal
hintereinander, war zweimal dabei hellwach und
trotzdem so von dieser Angst gefangen, dass ich mich
kaum davon befreien konnte. Deshalb wollte ich nicht
mehr einschlafen.

Eine logische, psychologische Erklärung gibt es dafür
eigentlich nicht. Ich hatte zumindest in diesem Leben
niemals ein ähnliches Erlebnis. Der Traum war wirklich
total identisch mit dem Filmausschnitt, was absolut
ungewöhnlich ist. Schlimme Filmszenen hatte ich schon
zuvor oft gesehen, vielleicht sogar schlimmere, später
noch öfter, aber nie bekam ich dadurch Alpträume.

Die Angst vor einem Traum kann sogar so stark sein,
dass sie die Wirkung einer starken Schlaftablette
aufhebt. Weil ich unter Schlafstörungen leide – ich höre
zu atmen auf – war ich im Schlaflabor. Dort konnte ich
überhaupt nicht schlafen, deshalb wurde die
Untersuchung an einem anderen Tag wiederholt. Damit
es endlich klappt, bekam ich von der Schwester eine
starke Schlaftablette, die mich auch schnell einschlafen
ließ. Doch nach einiger Zeit wurde ich von einem
Traum geweckt. Rund um mich herum sah ich viele
Menschen, die mich alle anstarrten. Das wollte ich
nicht, deshalb öffnete ich die Augen – und da waren sie
natürlich weg, denn es war ja nur ein Traum. Sobald ich
die Augen wieder schloss, waren sie wieder da und
starrten mich weiter an. Es kostete mich ungeheure
Mühe wieder zu erwachen, um mich umzusehen. Da
waren sie wieder weg. Das ging mehrmals so, bis ich
schließlich ganz erwachte.

59

Manche Menschen leiden regelmäßig unter furchtbaren Alpträumen. Hat man bis vor wenigen Jahren Träume fast ausschließlich psychologisch gedeutet, geht man jetzt teilweise dazu über, diese Alpträume in den Griff zu bekommen. Menschen wollen ja immer alles beherrschen. Die moderne biologische Wissenschaft hat den Traum nun als lohnendes Objekt der Forschung entdeckt, indem sie das psychische Element in den Hintergrund schiebt. Die moderne Psychologie glaubt meist gar nicht an die Existenz einer Seele, obwohl Psyche, soviel wie Seele bedeutet. Viele Psychologen – je nach „Schule" – haben nur eine diffuse Vorstellung dessen, was sie als Seele zu betrachten haben. Die materialistische Biologie glaubt sowieso überhaupt nicht an die Existenz einer Seele, die unabhängig vom Körper existiert. Man erklärt sich alles rein physisch. Der Mensch wird als Maschine angesehen. Er funktioniert, oder aber nicht. Das Gehirn ist das Zentrum, der Koordinator, der Steuermann. Psychische Probleme löst man ganz einfach mit Tabletten. Sie wirken auf das Gehirn und bringen alles wieder ins rechte Lot.

Eine neue Technik macht es nun möglich, ins Traumgeschehen einzugreifen und diese Vorgänge auch sichtbar für andere zu machen. Der sogenannte Klartraum wird nicht, oder nicht mehr, den paranormalen Phänomenen zugerechnet. Materialistische Ärzte und Psychologen glauben natürlich nicht an paranormale Phänomene. Sie würden sich nicht damit beschäftigen, könnte man die Gehirntätigkeit beim Träumen nicht abbilden. Man entreißt jetzt den Traum der Psychologie, um ihn der Biologie zuzuführen. So kann man sich der Illusion hingeben, Träume seien nichts als reine Fantasie, die man beliebig steuern kann.

Mittels Hirnforschung hat man herausgefunden, was sich während solcher Träume im Kopf abspielt. Dabei treten zwei Bewusstseinszustände gleichzeitig auf. Sofort denkt man daran, Psychosen zu heilen, indem man die Technik des Klarträumens, die man erlernen kann, bei Patienten anwendet. „Unsere Traumerlebnisse sind reine Produkte unserer Phantasie", tönt es auf (idw-online.de/) und plötzlich ist alles ganz einfach. Endlich ist der Traum nur noch ein Symptom und Symptome zaubert man einfach weg. Alpträume beispielsweise, lassen sich mithilfe des Klarträumens beseitigen. Wen interessiert schon, warum jemand Alpträume hat? Es braucht auch niemanden mehr zu interessieren, wenn man davon ausgeht, dass Alpträume nichts weiter als Produkte der eigenen Fantasie sind. Was Fantasie ist, braucht auch keiner zu wissen. Mittlerweile gab es mehrere größere wissenschaftliche Studien bezüglich „Klartraum". Sie bestätigten dass beim Klartraum das Bewusstsein zugeschaltet wird. Man weiß dass man träumt und kann das Traumgeschehen steuern.

Wie erkennt man, dass man träumt? Eine wichtige Voraussetzung um „klarträumen" zu können ist diese Erkenntnis. Das muss man üben und lernen. Ursula Voss schreibt über eine derartige Studie: Wenn ich mir die Nase zuhalte und dennoch atmen kann, muss ich träumen.

Zwanzig Bonner Studenten mussten als Versuchskaninchen herhalten. Sie unterwarfen sich

61

einem Trainingsprogramm um zu lernen, wie man während des Traums bewusst sein kann.

Diese Technik findet man auf vielen Seiten und Foren im Internet ausführlich beschrieben. Es gibt bereits seit langer Zeit einige Klartraum-Gemeinden, die manchmal auch verschiedene Mittelchen ausprobieren, um diesen Zustand zu erreichen. Für manche endet der Klartraum aber nicht mit der angeblichen "Klarheit", sondern er ist der Ausgangspunkt zur OBE, dem angeblichen Verlassen des Körpers.

Die Versuchstiere - halt, nein - die Versuchsmenschen, konnten zu Hause dreimal pro Woche klarträumen, im Labor kam es aber nur zu drei Klarträumen überhaupt. Man stellte im Labor fest, dass sich die Aktivität des Stirnhirns bei ihnen änderte, sobald der Klartraum begann. Ein Teil des Gehirns wachte auf. *„Spannend ist auch, dass bei manchen psychiatrischen Erkrankungen eben diese Fähigkeit zum Realitäts-Abgleich fehlt. So gehen Psychosen mit Wahnvorstellungen einher, die der Betroffene nicht von der Wirklichkeit unterscheiden kann. Im Vergleich zum Klartraum scheint hier die Situation genau umgekehrt: Der Betroffene ist wach, kann seine Phantasien aber dennoch nicht kritisch analysieren.“* (wissenschaft-online.de)
Die letzte mir bekannte Studie wurde mit Computertomographie gemacht, wobei man deutlich erkennen konnte, dass bei diesen Träumen willentliche Handlungen möglich waren, die während des Traums gemacht wurden. Meistens signalisiert der Träumende durch vorher ausgemachte Augenbewegungen, dass er „klar“ ist.

Wahnvorstellungen haben vielleicht andere Ursachen als Alpträume. Sollte die Psychoanalyse auch nur teilweise mehr als Unsinn sein, haben Alpträume wohl einen tieferen Sinn, sie wollen etwas ausdrücken. Unterdrückt man sie, verschwindet vielleicht das Symptom, das ursprüngliche Problem bleibt aber bestehen. Es würde sich verlagern und sich in anderer Form wieder bemerkbar machen. Sind Träume aber Informationen die wir unterbewusst aufnehmen, verändern wir diese Informationen. Das wäre dann ungefähr so, als würden wir auf der Straße gehen, sehen dass ein Auto auf uns zu rast - drehen uns um und so tun, als wäre alles in Ordnung.

Dass man beim "Klarträumen" alles besonders intensiv erlebt, muss andere Gründe haben, als nur größere Bewusstheit. Das weiß ich aus eigener Erfahrung. Ich hatte einmal in meinem Leben einen Klartraum und war tatsächlich sehr beeindruckt von diesem Zustand. Das reale Leben ist nie so „wirklich“ wie der Klartraum. Trotzdem konnte ich nichts im Traum bewirken, es war eigentlich ein ganz normaler Traum von besonderer Intensität und Farbenpracht. Vielleicht war er also noch nicht so ganz perfekt. Andererseits habe ich oft Träume wo ich mir bewusst bin, dass ich träume. Trotzdem unterscheiden sich diese Träume nicht sonderlich von den normalen, in Klarträumer-Kreisen "Trübträumen" genannten. Auch bei diesen Träumen kann ich nicht "eingreifen". Das mag vielleicht auch daran liegen, dass ich gar nicht eingreifen will? Zeitweise merke ich sogar, dass ich die Traumpersonen gar nicht kenne. Obwohl ich anfangs schon glaube sie seien mir bekannte. Weil bewusst wird, sie sehen doch anders aus und wirken fremd. Mitunter wird mir sogar bewusst, dass selbst ich nicht wirklich ich selbst bin. Aber das erwähnte ich ja schon. Ob die Klarträumer wirklich Einfluss auf den Traum nehmen können, oder nur glauben sie könnten es, weil sie wach sind, lässt sich kaum sagen. Niemand kann an ihren Träumen teilnehmen, ein Dirigieren von außen ist daher nicht möglich.

Mein bisher einziger "Klartraum":

Ich ging hinaus aus dem Haus, allerdings einen Weg, den es zumindest derzeit nicht gibt. So gelangte ich zum Wirtschaftsweg und ging diesen hinunter. Erstaunt stellte ich fest, dass alles anders und doch gleich aussah. Überall wuchsen riesige Büsche und die Zäune sahen anders aus. Mich überraschte das so, dass ich wieder zurück ging und dann nochmals denselben Weg hinaus nahm. Alles wirkte so realistisch und plastisch, stellte ich fest, obwohl es aber doch nicht wirklich der Realität entsprach. Wie die Häuser aussahen konnte ich nicht sehen, weil davor diese dichten, hohen Büsche standen. Da wurde mir bewusst, dass ich meinen ersten Klartraum hatte. Ich sah mich um und bemerkte zwei riesige Gestalten, mehrere Meter groß, die sich aus den Kronen der Bäume lösten. Sie waren größer als die mehrere hundert Jahre alten Eichen. Die Riesen hatten menschliche Züge und wirkten doch eher wie Puppen, auch was ihre Bewegungen betraf. Sie waren gefährlich, das wusste ich, denn ich fand mich trotz allem in dieser zuvor unbekannten Welt gut zurecht, wie jemand der in ihr ganz normal zu Hause ist.

Nun duckte ich mich und obwohl ich keinerlei Deckung hatte, bemerkten sie mich nicht und schritten mit ihrem seltsamen, steifen Gang an mir vorbei. Eigentlich waren sie auch eher weiter entfernt, aber durch ihre Größe schienen sie näher zu sein.

Da wusste ich, dass ich in der Zukunft war, denn diesen Traum hatte ich (im Traum) schon früher einmal gehabt, daran erinnerte ich mich jetzt. Ich wurde richtiggehend euphorisch, weil alles so natürlich wirkte, so greifbar und echt. Immer wieder wunderte ich mich darüber. Endlich wusste ich was ein Klartraum ist! Ich ging weiter und kam zu einem Gebäude. Da musste man durch eine Glastür. Auf ihr hatte jemand einen Zettel befestigt, den ich nun zu lesen begann. Wieder wunderte ich mich, dass ich sogar das konnte. Eine Frau, oder ein Mädchen war nun in meiner Gesellschaft. Ich glaube es war meine jüngere Schwester (kein Realitätsbezug). Auch sie las was dort stand. Gemeinsam gingen wir weiter und unterhielten uns über den Klartraum. Ich fragte: "Bist du mein Traum, oder bin ich deiner?", erhielt von ihr aber keine erschöpfende Antwort. Plötzlich kam ich auf die Idee, den Traum zu notieren, fand aber nichts zum Schreiben. Da wurde mir klar, dass ich das im Traum ja nicht konnte. Den Zettel hätte ich nicht in die reale Welt mitnehmen können. "Hoffentlich wache ich jetzt nicht auf!", sagte ich zu meiner Begleiterin. "Wer weiß, wo wir jetzt gerade sind?", denn ich hatte vergessen ob ich im Bett lag, oder ob ich sonst wo sei. Ob sie auch etwas sagte weiß ich nicht. Meine Freude wurde immer größer und ich dachte, das müsse ich in diesem seltsamen Klartraum-Forum erzählen, das ich (real) aus dem Internet kannte. Aber dann fiel mir ein, dass diese Leute A..... waren und ich dachte es genüge, wenn ich mir den Traum nach dem Aufwachen einfach notiere, damit ich ihn nicht vergesse.

Mittlerweile waren wir in einem Zimmer, in dessen Mitte sich etwas auf dem Boden bewegte. Als ich genauer hinsah bemerkte ich, dass sich der Boden öffnete und etwas Ähnliches wie ein Tier hervor lugte.

Es stellte sich dann aber heraus, dass es etwas Künstliches war. Als ich danach griff tat ich mir weh, weil es scharfe Kanten hatte. Es lebte aber. Ich verbog eine äußere Kante. Danach hatte ich Schnitte an den Unterarmen und blutete stark. Daran war ich selbst schuld, weil ich mich aufgekratzt hatte. Ich legte etwas auf die Wunde und suchte nach etwas anderem, fand aber nur Mullbinden. Schließlich ging ich wieder zu dem künstlichen Tier und schlug ihm mit einem Gegenstand ständig auf den Kopf. Eine Flüssigkeit spritzte weg und es klang immer wieder: "Ah! Ah! Ah“".

Davon wurde ich dann doch wach und - ich lag doch tatsächlich in meinem Bett.

Der Traum stammt aus dem Jahr 2009. Wie man unschwer erkennen kann, handelt es sich um einen ganz normalen Traum, mit ganz normalem Traumgeschehen. Er fühlt sich nur etwas anders an und man scheint logisch zu denken. Im Grunde genommen ist er sogar absurder als die Träume die ich normalerweise habe. Es gab keinen Grund die Handlung zu ändern. Die ganze Zeit über hatte ich das Gefühl ich würde entscheiden was ich mache.

Diesen Traum hatte ich kurz vor dem „normalen“ Aufwachen, also zu einer Zeit wo ich schon fast wach war, weil ich oft zu derselben Zeit aufstehe.

„Etliche Autoren haben auch schon ähnliche Ansätze diskutiert, bei denen es zusammengefasst gesagt, immer darum geht, zusätzliche Schlafenszeit zu instrumentalisieren. Genannt wird es dann z.B.

„Powernapping". Oder Stephen LaBerge redet vom „wake induced lucid dreaming": WILD. Schlussendlich ist beides nichts weiter als ein Nachmittagsschläfchen. Meine Erfahrungen mit Tagesschlaf als Ausgangslage für luzides Träumen entsprechen dem des Überschlafens. Es ist für mich sehr viel einfacher eine AKE oder luziden Traum zu erleben als des nachts." (klartraum.ch)

Also ist es leichter "besondere" Träume zu haben, wenn man eigentlich schon wach ist. Hat der Autor dieser Zeilen Recht, ist der Klartraum ein Effekt der vor allem dann entsteht, wenn man theoretisch wach sein sollte, aber trotzdem schlafen möchte. Es besteht keine physische Notwendigkeit weiter zu schlafen, das Bewusstsein wird unterdrückt, aber nicht richtig abgeschaltet.

Manche Klarträumer versuchen mit Hilfmitteln den richtigen Zustand zu erreichen. Das mache ich nicht.

Was bringt uns luzides Träumen? Was kann es? Wie macht man es?

"Folgende Anwendungen hat ein Klartraum

- *fordere Deine größte Angst heraus*
- *frage Deinen "Schwarm" wie Du ihr/sein Herz gewinnen kannst*
- *sprich mit Deinem Unterbewusstsein*
- *übe einen bestimmten Bewegungsablauf*
- *Frage eine Traumgestalt um Rat*

Und Vieles mehr!"

schreibt Niko Kaindl im Internet.

67

Vielleicht träumte ich nur vom luziden Träumen und mein Klartraum war in Wahrheit gar keiner? Denn was ich an Entscheidungen traf, war nicht bewusst entschieden, sondern Teil eines Traums. Wahrscheinlich habe ich noch nie bewusst einen Traum beeinflusst. Warum sollte ich das denn auch tun? Sie tun es aber. Oder zumindest versuchen sie es.

Mit meinem Unterbewusstsein "rede" ich oft. Das darf man sich jedoch nicht als Gespräch vorstellen, so wie man mit einem anderen Menschen redet. Es kann mir ja auch nicht antworten. Das macht es dann im Traum. Aber im Traum selbst frage ich es nicht. Das machen die Klarträumer. Ich habe also einen ganz anderen Zugang zum Traum als die luziden Träumer. Weil ich davon ausgehe, dass Träume Informationen sind, versuche ich auch nicht, diese zu beeinflussen. Denn das wäre so, als würde ich jemanden der mir seine Erlebnisse erzählt ausbessern, um ihm zu erklären, seine Wahrheit gefalle mir nicht und deshalb würde ich mir eine andere Geschichte daraus konstruieren. Jede Handlung folgt einer bestimmten Logik und das ist meine Logik. Menschen die sich mit Klarträumen beschäftigen, haben eine andere Logik als ich, weil sie von einer anderen Grundlage ausgehen. Sie halten Träume vermutlich für sinnlose Bilder und Geschichten, die entweder reine Fantasie sind, oder die Verarbeitung von Erlebnissen. Deshalb nehmen sie an, indem sie ihre Träume beeinflussen und verändern, könnten sie direkt auf das Unterbewusstsein einwirken. In gewisser Hinsicht mag das vielleicht auch funktionieren. Darüber möchte ich nicht urteilen.

Niko Kaindl bietet auf seiner Webseite Informationen über luzides Träumen an. Das ist recht gut gemacht. Wer Näheres wissen will, kann sich dort schlau machen.

Er beginnt seine Einführung mit dem Realitätscheck. Ob das so einfach funktioniert weiß ich nicht. Dieser Check ist seiner Meinung nach unsicher und damit hat er durchaus Recht.

"Ein gängiger Realitätscheck ist zum Beispiel, die Finger einer Hand zu zählen. Im Traum hast Du nicht immer 5 Finger oder überhaupt eine Hand. Doch es kann passieren, dass sich Deine Hand im Traum ganz normal verhält, sprich 5 Finger besitzt, dann würdest du zu dem falschen Schluss kommen, dass es sich um keinen Traum handelt."

Ich hatte noch nie im Traum keine fünf Finger an einer Hand. Dieser Check würde bei mir also nicht funktionieren.

Es ist sehr gut, dass er auch auf etwas aufmerksam macht, was man besser nicht tun sollte.

Den Check mit der Nase - Nase zu halten und schauen ob man Luft bekommt - würde ich nicht machen, weil ich in dieser Hinsicht sowieso Probleme (mit Atemaussetzern) habe und nicht weiß, wie sich das auf diese im Traum auswirken würde. Er lehnt ihn auch ab.

Ein weiterer: *"Im Traum verhält sich Schrift immer abnormal. Entweder verändern sich die Zeichen ständig, sind verdreht oder die Wörter "tanzen" durcheinander. Wenn Du im Wachzustand etwas ließt und die Schrift verändert sich nicht, bist Du wach. Verändert sich die Schrift, träumst Du."*

In meinen Träumen kann ich meistens ganz deutlich lesen, ohne dass sich die Schrift verändert. Nur Rechnen fällt mir schwer. Genauso wie ich mir mit dem Telefonieren schwer tue. Ich gebe immer wieder die falschen Zahlen ein.

Er ist allerdings auch skeptisch, ob es mit diesen Realitätschecks wirklich funktioniert.

Ich träume sehr oft sehr bewusst. Das heißt aber nicht, dass ich luzide Träume habe. Deshalb kann ich schwer beurteilen wie ein luzider Traum erlebt wird. Da muss ich mich an die Berichte anderer halten.

… Dafür habe ich in einer kürzlich stattgefundenen Diskussion erfahren, dass unsere bewusst ausgeführten Aktionen im Traum auch für unser Leben im Wachzustand eine Bewandtnis haben. Oder einfach gesagt, man kann sich auch im Traum ein schlechtes Karma / Gewissen holen, wenn man bewusst die falschen Dinge tut.

Schreibt etwa Niko.

Das ist allerdings interessant. Ich halte es für nicht ungefährlich, mit dem Unterbewusstsein zu spielen, ohne es auch zu verstehen. Vielleicht ist es nicht im Moment gefährlich. Aber woher wissen wir, wie sich unsere Aufdringlichkeit auf lange Dauer auswirkt? Wenn ich lese was manche Leute über Klarträume schreiben, komme ich zu der Ansicht, dass sie gar nicht träumen, sondern Fantasien entwickeln. Träume sind aber keine Fantasien. Sie sind Informationen des Unterbewusstseins und zum Teil sind es Gedanken - also reines Nachdenken. Luzide Träume scheinen Versuche des Bewusstseins zu sein, Wünsche als scheinbare Realität zu erleben. Hier ein Beispiel:

…"werner Zurfluh beschreibt, dass er im klartraum in eine märchenhandlung einsteigt und es so "von innen" erlebt, auch märchenfiguren befragt... er meint auch, märchen könnten berichte von traumerlebnissen, bewußtheit in träumen und trancereisen sein.

70

Eine seltsame Theorie. Vermutlich ein gewisser
Realitätsverlust, entstanden durch zu viel klarträumen.
Mit der Zeit verschwimmt wahrscheinlich die Grenze
zwischen Traum und Wachbewusstsein.

Derzeit wird noch weiter geforscht was das Klarträumen
betrifft. Wie ich bereits erwähnte, versucht man auch
mittels EEG zu ergründen was beim Klarträumen im
Gehirn vor sich geht. Ob das wirklich so einfach zu
erkennen ist, wage ich zu bezweifeln. Ich war mehrmals
im Schlaflabor und habe festgestellt, dass die Ärzte
nicht unterscheiden konnten ob ich schlafe, oder ob ich
wach bin und nur meditiere. Hatte ich weniger
Elektroden auf dem Kopf? Das glaube ich nicht.

Klarträume kann man sogar künstlich erzeugen.

*"Der Frankfurter Psychologin Ursula Voss gelang es
daraufhin, bei ihren Testpersonen gezielt einen luziden
Traum auszulösen. Sobald die Probanden in den Rem-
Schlaf gesunken waren, schickte sie schwachen
Wechselstrom von genau 40 Schwingungen pro Sekunde
durch die Elektroden an Stirn und Hinterkopf. Fast zwei
Drittel der Untersuchten berichteten beim Aufwachen
von einem Klartraum. Träume auf Bestellung?
Technisch ist das zumindest denkbar."*

71

Man verspricht sich viel von den Klarträumen.
Vielleicht zu viel.

*"Außerdem kann luzides Träumen möglicherweise das
Erlernen komplizierter Bewegungsabläufe erleichtern.
Wir alle sind im Traum zu außergewöhnlichen Dingen
fähig: Wir können fliegen, durch Wände gehen oder
Gegenstände verschwinden lassen. Laut Resultaten des
Sportpsychologen Daniel Erlacher von der Universität
Heidelberg können Sportler mit gezieltem Klartraum-
Training komplexe motorische Abläufe wie etwa beim
Hochsprung schneller verinnerlichen."*

Ob man damit lernt durch Wände zu gehen? Das
vermutlich eher nicht. Ich könnte mir aber vorstellen,
dass der Klartraum sich irgendwie nutzbar machen lässt.
Es stellt sich dabei nur die Frage, ob es auf Dauer
gesehen nicht vielleicht doch zu Nebenwirkungen
kommen könnte.

Symbolische Träume

Manche Träume sind vielleicht wirklich symbolisch zu verstehen. Wobei sich die Frage stellt, ob symbolisch nun einfach nur als „Symbolsprache" zu verstehen ist, oder ob es sich um eine tiefere Symbolik handelt, wie Jung es sieht. Ob ein Traum eine tiefere Bedeutung hat lässt sich nicht immer klar feststellen. Oft hat man das Gefühl, eine bedeutende Aussage in einem Traum zu erkennen. Das Gefühl kann natürlich täuschen, deshalb sollte man sich dessen nicht zu sicher sein. Ich hatte schon einige Träume die symbolisch wirkten und sich dann nachträglich als Traum von einer Filmszene herausstellten, die ich erst einige Tage nach dem Traum im Fernsehen sah.

Einen scheinbar wirklich symbolischen Traum den ich hatte und der mir auch bedeutsam erschien, betrachte ich als meinen „Lebenstraum". Aber wer weiß, vielleicht irre ich mich auch. Damals war ich ungefähr 20 Jahre alt.

Der Traum: Ich lebte in einem kleinen Haus, irgendwo außerhalb einer Stadt, an einem Fluss. Eines Tages machte ich mich auf und verließ die Hütte. Als ich den Fluss entlang ging sah ich viele Menschen die im Fluss badeten. Sie waren alle tot. Jeder von ihnen hatte einen eigenen Geruch, an dem man die Todesart an dem der Mensch verstorben war erkannte. Ich ging weiter. Hinter Bäumen und Büschen lauerten Menschen auf mich, die mich töten wollten. Sie bekamen aber dazu keine

Möglichkeit und ich hatte keine Angst vor ihnen.
Irgendwo traf ich dann auf einen Hund, der sich mir
anschloss. Er war sehr freundlich und zu meinem
größten Erstaunen konnte er sprechen. Ich fragte ihn:
„Wieso kannst du sprechen, du bist doch ein Hund? Wer
warst du in einem früheren Leben?" Und der Hund
antwortete: „Ich war noch niemand. Ich wurde nie
geboren!" Das leuchtete mir ein. Zusammen gingen wir
weiter bis wir zu einem großen Haus kamen. Es war das
Haus eines Arztes. Hier trennten sich unsere Wege. Ich
trat ein und ging herum. Niemand schien da zu sein.
Aber dann sah ich einen Priester der mir gefährlich
erschien und vor dem ich mich fürchtete. Kein Wunder,
denn er war tot. Er sagte: „Ich rieche den Schädel eines
lebendigen Menschen!" Da geriet ich in Panik. Ich lief
nach oben und kam zu einer Terrasse. Am Ende der
Terrasse war ein Abgrund und in diesem Abgrund war
Wasser. In meiner Angst sprang ich hinab. In der Hand
hielt ich eine Marien Statue, die mir entglitt während ich
ins Wasser eintauchte. Sie sank langsam hinab, bis auf
den Grund des Gewässers. Ich aber tauchte nach kurzer
Zeit wieder auf, schwamm jedoch nicht auf der
Oberfläche, sondern flog empor, in den Himmel hinauf.
Über mir stand groß und voll der Mond, der mich anzog
und schweben ließ. Während ich mich ihm immer mehr
näherte, blickte ich nach unten auf die Welt, die ich nun
zurück ließ. Die Menschen die mich verfolgt hatten,
lauerten noch immer auf mich, versteckt hinter
Häuserecken und Büschen. Sie konnten mich da oben
nicht erkennen, denn sie suchten mich unten. Dann sah
ich das kleine Häuschen in dem mein Leben begonnen
hatte. Ein junges Mädchen zog gerade ein. Ich wusste
sie würde denselben Weg gehen müssen, den ich
gegangen war. Ein neuer Kreislauf begann."

Dieser Traum scheint nicht nur symbolisch zu sein, sondern er erzählt eine abgeschlossene Geschichte. Er erinnert an die Träume die C. G. Jung in seinen Büchern erzählt. Betrachtet man ihn nach Jungs Methode, kommt man zu folgendem Schluss:

Die Geschichte symbolisiert sowohl das „Rad der Geburten", denn sie hat kein richtiges Ende, sondern ist zyklisch zu verstehen. Es könnte sich auch um die symbolische Darstellung der Selbstwerdung eines Menschen handeln. Das Ende ist gleichzeitig der Anfang der neuen Geschichte, die im Prinzip genauso verlaufen wird und das deutet auf Wiedergeburt hin. Jeder Mensch muss diesen Weg gehen. Das Wasser ist das Symbol des Unterbewusstseins und die Toten könnten die früheren Leben darstellen, die bereits gelebt wurden. Hier kommt vielleicht auch eine doppelte Bedeutung zum Tragen, denn tot könnte auch „gescheitert" bedeuten, da die Erlösung, das Ende allen Lebens, bisher nicht erreicht wurde. Der sprechende Hund ist ein Begleiter und Führer des Menschen. Er war nie inkarniert, ist also nicht von dieser Welt. Ein Menschen fressender Priester könnte ein Symbol für die geistige Kastration durch die Religion sein. Priester dürfen nicht heiraten, sie sind daher (theoretisch) Menschen ohne Geschlecht. Eine Sackgasse der Evolution. Wer einer Religion anhängt, ohne sie zu hinterfragen, wer nur glaubt was in Büchern steht, bringt sich selbst um die natürliche Spiritualität. Er wird von der Religion „seelisch aufgefressen" und ist tot. Eine Weiterentwicklung ist so nicht möglich. Dagegen muss man sich wehren und das kann man, indem man ins Wasser spring, also ins Unterbewusstsein abtaucht. Die Marien Statue ist Symbol für die „große Mutter", aus der wir alle entstanden sind. Sie ist eine jüngere

Form einer alten Gottheit, die von vielen Völkern
verehrt wurde. Doch auch dieses Symbol muss man los
lassen, um sich aus dem Wasser der Unbewusstheit zu
erheben und in den Himmel, zum Mond zu fliegen.
Auch der Mond ist ein altes Symbol dieser Göttin, hier
wird es vielleicht transzendental verstanden. Unten auf
der Erde verstecken sich noch immer die Bösen. Sie
warten darauf, den Menschen töten zu können, damit er
weiterhin gebunden an diese Existenz bleibt. Der Traum
enthält ein Symbol der Wiedergeburt, das Vergehen und
Werden, das Gehen und Kommen. Während ich gerettet
bin, macht sich jemand anderer auf den gefährlichen
Weg durch das Leben.

Das ist nur eine von vielen möglichen Interpretationen.
Jung bringt in seinen Büchern die Träume eines sehr
jungen Mädchen, das auch zyklische Träume hatte.
Träume die eine Kreisbewegung zeigen. Daraus schloss
er, sie würde bald sterben – was auch wirklich der Fall
war. Ich lebe noch immer. Der Traum hat nicht meinen
bevorstehenden Tod angekündigt. Er war aber derart
eindrucksvoll, dass ich ihn nicht wieder vergessen
konnte. Als Jahre später eine Aktion im „Kurier", einer
österreichischen Tageszeitung, lief und die Leser
aufgefordert wurden einen Traum analysieren zu lassen,
sandte ich ihn hin. Ich hoffte der Psychologe würde mir
den Traum deuten können. Doch das Unerwartete
geschah. Er lehnte eine Analyse mit dem Hinweis ab,
dazu bräuchte man mehr Wissen über mich. Das war für
mich eine große Enttäuschung was die Psychologie
betraf und ich glaube, von da an verschwand mein
Interesse an einer psychologischen Deutung meiner
Träume.

Auch meinen damaligen Kollegen erzählte ich von
diesem Traum. Wir unterhielten uns oft über
Paranormales, weil ich damals viele eigene Versuche
machte. Offenbar wirkten unsere Gespräche inspirierend
auf eine Kollegin, die einige Zeit später einen langen
Traum erzählte, der wie ein Märchen klang. Dabei ging
es um eine Versteinerung ihrer Person, die sich zu lösen
begann. Sie wollte von mir den Traum analysiert haben.
Das konnte ich nicht. Ich konnte nicht einmal meine
eigenen Träume analysieren.

Ein anderer, ebenfalls vermutlich symbolischer Traum
bestand nur aus einem Bild. Es geschah tatsächlich
sonst nichts. Mein Stiefvater stand da, mit geöffnetem
Mund. Darin war ein ganzes Ei mit Schale zu sehen.
Solche Träume sind viel eindrucksvoller als aufregende
Träume es sein könnten. Man weiß, das
Traumbewusstsein will etwas sagen, aber man versteht
nicht was das ist. Diesen Traum, der ja eigentlich kein
richtiger Traum war, hatte ich kurze Zeit vor seinem
Tod. Das Ei ist ein Symbol des Werdens und der
Schöpfung. Bis heute zerbreche ich mir den Kopf, was
das Traumbewusstsein damit gemeint hat.

Die wohl bekanntesten Traumforscher sind Freud und
Jung. Freud gilt als Vater der Psychoanalyse. Obwohl er
sich vor allem mit Traumdeutung beschäftigte, hatte er
auch einen Traum der sich erfüllte - und das obwohl er
gegenüber allem Paranormalen mehr als skeptisch war.
Man muss also nicht an Präkognition glauben, um sie
anhand von Träumen erleben zu können.

Während seiner Studienzeit träume Sigmund Freud von
einer Medaille, die eine Inschrift aus "König Ödipus",
von Sophokles enthielt: "Der das berühmte Rätsel löste

77

und ein gar mächtiger Mann war." Zu seinem 50.
Geburtstag wurde ihm eine Medaille überreicht, die
dieselbe Inschrift trug. Kann man das einfach so als
Zufall abtun? Ich glaube nicht. Eine sich selbst
erfüllende Prophezeiung ist auch ausgeschlossen, weil
er als junger Mann nicht wissen konnte, was auf der
Medaille stehen würde. Nehmen wir an er war ungefähr
20 Jahre alt als er den Traum hatte. 30 Jahre später
werden wahrscheinlich Medaillen andere Aufschriften
gehabt haben. Die Medaille hat er sich auch nicht selbst
verliehen. Wer immer sie ihm verliehen hat, wusste
sicher nichts von Freuds Jugendtraum. Berühmt wurde
der sicher erst nachdem er sich erfüllt hatte. Niemand
der den Traum vielleicht zufällig kannte hatte die
Möglichkeit, ihn absichtlich (bewusst oder unbewusst)
zu erfüllen.

Hätte er selbst seinen Traum damals gedeutet, wäre er
zu Ergebnissen gekommen, die absolut nichts mit dieser
Traumerfüllung zu tun gehabt hätten. Ich bin sicher,
kein Psychologe der Träume deutet wäre zu dem
Ergebnis gekommen, der Traum würde sich irgendwann
(von selbst) erfüllen.

Freud hatte eine starke Abneigung gegen die
Parapsychologie, was sich aber in seinen späteren
Jahren änderte. Vielleicht konnte er die logische
Schlussfolgerung einiger seiner Erlebnisse nicht einfach
so verdrängen. Jung hingegen beschäftigte sich sein
ganzes Leben mit paranormalen Fähigkeiten und auch
mit Okkultismus. *„Doch vor dem Schattenreich des
Okkulten hatte Jung seit je keine Scheu. Schon als
Student war er ein begeisterter Leser okkulter und
mystischer Schriften gewesen. Mit seiner Kusine Helene
("Helly") Preiswerk, einem somnambulen Medium,*

*veranstaltete er spiritistische Sitzungen, auf denen
Verstorbene beschworen wurden, darunter auch Jungs
Großvater, Pastor Samuel Preiswerk, der sich mit
salbungsvoller Bassstimme aus dem Jenseits meldete.
Die Seancen mit Helly machte Jung später zum Thema
seiner Doktorarbeit"* ("Zur Psychologie und Pathologie
sogenannter occulter Phänomene").

Helene ("Helly") Preiswerk, die Cousine von Jung war
zu paranormalen Leistungen fähig. *„In Trance gelangen
ihr auch paranormale Leistungen, z. B. ein vermutlich
telepathischer Kontakt zu einer Bezugsperson in
Brasilien und PKeffekte (z. B. Zerspringen lassen eines
Tisches)."* (esotericreligion.com)

Die Beschäftigung mit Okkultismus mag seine Theorie
der Traumsymbolik beeinflusst haben. Doch C. G. Jung
beschäftigte sich auch mit alten Symbolen und meinte,
diese in den Träumen zu erkennen. Er hinterließ viele
eigene Träume, aber auch Träume seiner Patienten.
Darunter sind auch Träume die sich erfüllten.

*„Jung war der Mystiker unter den Vätern der
Psychoanalyse, denn während Freud vieles vom
Sexualtrieb ableitete und Adler den Machttrieb in den
Vordergrund stellte, sah der humanistisch denkende und
in protestantischer Tradition aufgewachsene Schweizer
Jung das Individuum in Verbundenheit mit den "Ahnen",
also durchaus heidnisch, als magisches Wesen. Er lebte
mit dem Bewusstsein, in eine Familie geboren worden
zu sein, die sich aufs Visionäre verstand: der eine
Großvater war Geistlicher und hatte tatsächlich mit
"Geistern" Kontakt, der andere war Freimaurer und ein
Hoch-Eingeweihter in esoterischen Praktiken. Er galt
als ein unehelicher Sohn Goethes. Jung war sich dessen*

sicher und betonte zeitlebens die Abstammung von dem Dichterfürst. Seine Mutter fiel regelmäßig in Trance und gab dann seltsame Worte und Töne von sich, sie verkehrte in diesen Zuständen ebenfalls mit Geistern und blieb dem Sohn immer ein rätselhaft, geheimnisumwittertes Wesen. Zwar Mutter, aber doch auch Fremde - anziehend und furchteinflößend schrecklich zugleich.

Die Art, in der in der Kirche von Gott gepredigt wird, empfindet er als schamlos, weil dort in aller Öffentlichkeit der Wille Gottes verkündet wird, ohne Rücksicht darauf zu nehmen, dass das Geheimnis der Gottesoffenbarung in den persönlichen Bereich innerster und innigster Gewissheit gehört. Jung kommt zum Schluss, dass anscheinend nicht einmal der Pfarrer um das Gottesgeheimnis weiß, denn sonst würde er es nicht wagen, dieses so öffentlich weiterzugeben und "die unsäglichen Gefühle mit abgeschmackten Sentimentalitäten zu profanieren"."

Was er sich dabei dachte mag sein Geheimnis bleiben, denn er war offenbar zeitlebens derselben Ansicht: ""*Meine ganze Jugend kann unter dem Begriff des Geheimnisses verstanden werden. Ich kam dadurch in eine fast unerträgliche Einsamkeit, und ich sehe es heute als eine große Leistung an, dass ich der Versuchung widerstand, mit jemandem davon zu sprechen. So war damals schon eine Beziehung zur Welt vorgebildet, wie sie heute ist: auch heute bin ich einsam, weil ich Dinge weiß und andeuten muss, die die anderen nicht wissen und meistens auch gar nicht wissen wollen", sagt er in seiner Autobiographie im Alter von über 80 Jahren.*" (arbeitsblaetter.stangl-taller)

80

C. G. Jung war ein depressiver Mensch der vermutlich dachte, er würde als Einer von wenigen über höheres Wissen verfügen. Offenbar suchte er diese Einsamkeit, weil er aus seinem scheinbaren Wissen ein Geheimnis machte. Wer nicht an Wiedergeburt glaubt, wird sich diesen Umstand wohl anders erklären als ich es tue. Ich neige zu der Ansicht, dass Menschen aus ihren früheren Leben zum Teil Probleme mit sich herumschleppen, bis sie fähig sind, diese zu lösen. Jungs Gefühl einsam zu sein, mag aus einer früheren Zeit stammen, wo er tatsächlich einsam war. In diesem Leben war er es objektiv gesehen wohl nicht, wollte es aber sein. Eine gewisse innere Einsamkeit empfindet wahrscheinlich jeder Mensch von Zeit zu Zeit. Dazu braucht es kein „höheres Wissen". Es ist auch nicht mehr notwendig zu verschweigen was man angeblich weiß. Geheimes Wissen war nur dort notwendig, wo Verfolgung drohte. Jung hätte über alles offen sprechen können. Sein Lebensumfeld war in dieser Hinsicht sicher.

Wissen war nicht immer so offen für jeden einsehbar wie das heute der Fall ist. Selbst angeblich „geheime Lehren" erhält man in jeder Buchhandlung ganz offen in Buchform angeboten. Zu verschiedenen Zeiten und in verschiedenen Kulturen wurde "Wissen" als Geheimnis gehütet. Bis in die heutige Zeit gibt es Geheimbünde. Die Freimaurer sind solch ein Geheimbund, der nicht alles was an angeblichem, höherem Wissen vorhanden ist, jedem zugänglich macht. Ich halte dieses „höhere Wissen" für reinen Blödsinn und für Wichtigtuerei. Da sein Großvater Freimaurer war, mag diese Idee Jungs schon in der Familie vorhanden gewesen sein. Es gab auch schon immer zahlreiche magische Zirkel - und die gibt es heute noch - die Verrat mit dem Tode bestraft haben. Nicht unbedingt ausgeführt von einem Mörder,

81

sondern oft durch Flüche herbeigeführt. Jedenfalls wurde mitunter versucht, auf diese Weise den Verräter zu bestrafen. Immer scheint das nicht funktioniert zu haben, denn Frau Blavatsky ließ sich in einige Zirkel aufnehmen, um dann die "geheimen Riten" zu veröffentlichen. Ich halte von Geheimnistuerei absolut nichts. Außer eben bei drohender Verfolgung.

Im Grunde genommen ist jeder Mensch im tiefsten Inneren einsam und unverstanden. Wir leben in der Illusion, Teil einer Gemeinschaft zu sein. Das Gefühl des Zusammenhalts, der Freundschaft und der Liebe gegenüber anderen brauchen wir. Nur leider sieht die Realität ganz anders aus. Niemand kann den anderen verstehen. Wir verdrängen gerne das Wissen um unsere Einsamkeit und wir leiden an dem Gefühl einsam zu sein ja auch nur, weil wir darauf programmiert sind, als soziale Wesen durchs Leben zu gehen. Tiere die Einzelgänger sind, werden wahrscheinlich Einsamkeit gar nicht kennen, obwohl sie objektiv einsam sind.

Jung war auch als "Esoteriker" keineswegs allein auf weiter Flur. Innerhalb der psychologischen Forschung war er jedoch ein Außenseiter, so wie er unter den Kindern in seiner Jugend ein Außenseiter war. Dazu wird man nur, wenn man anders ist als andere und diese anderen das auch bemerken. Man muss jedoch nicht offen zeigen, dass man „anders“ ist. Er hat sich selbst zum Außenseiter gemacht.

Die Themen mit denen er sich beschäftigte, passen nicht so recht in die moderne, materialistische Weltanschauung. Zudem verlangt er von den Therapeuten, sich nicht an vorgegebene "Weisheiten", also an Lehrbücher zu halten und das alleine machte es

den meisten Psychologen unmöglich, ihm geistig zu
folgen. Die große Mehrheit ist Durchschnitt und will
Anleitungen zur Orientierung. Auf Esoteriker und auf
Menschen die ein idealistisches Weltbild suchen, wirkte
er dafür umso stärker. Um seine Lehre entstand im
Laufe der Zeit ein regelrechter Kult, an dessen
Entstehung er nicht ganz unschuldig war, obwohl er
erklärte, jedes Wissen sei Zeit bezogen und würde durch
neueres Wissen wieder außer Kraft gesetzt. Auch keine
großartige Weisheit. Eher eine Binsenwahrheit, die
jedem denkenden Menschen bewusst ist.

Seine angebliche zeitweise Nähe zum
Nationalsozialismus hält viele Psychologen ab, sich
näher mit seiner Theorie zu beschäftigen. Manche
wiederum verklären seine diversen Äußerungen als tiefe
Weisheit. Was er sagte wurde interpretiert. Seiner
Meinung nach wurde er falsch interpretiert. Jeder
Mensch wird danach beurteilt, ob seine Meinung der
eigenen ähnlich genug ist. Weil er sich oft unklar
ausdrückte, konnte jeder im eigenen Sinne
interpretieren. Jung selbst begriff sich nicht als
Sympathisant des Nationalsozialismus.

Mit Freud verhält es sich ähnlich. Der Jude Freud,
anfangs Freund und Gönner Jungs, wird ebenso aus
politischen, oder aus rassistischen Gründen von
manchen entweder abgelehnt, oder verehrt. Dabei geht
es in beiden Fällen keineswegs immer um eine
Beurteilung der Lehre. Ich klammere daher in meinen
Überlegungen den politisch korrekten, oder unkorrekten
Teil der psychologischen Forschung aus. Mir geht es
ausschließlich um das richtige Verstehen von Träumen.

Auch wenn Vertreter des Materialismus behaupten gegen alles Gläubige zu sein, ist doch der Durchschnittsmaterialist auch nur ein armseliger Glaubender. Sie lehnen es ab, an die Existenz einer Seele zu glauben. Nicht aufgrund von Beweisen, sondern aus Prinzip. Psychologie ist für sie deshalb auch ein wenig suspekt. Was die Parapsychologie betrifft, wird sowieso erst gar nicht darüber nachgedacht. Da es bisher keine Erklärung für paranormale Phänomene gibt, wird auch nicht versucht sie zu erforschen. Man tut paranormale Erlebnisse als Hirngespinste ab. Träume werden als sinnloser Nachhall des Alltags angesehen. Wer glaubt etwas zu wissen, obwohl er keine Ahnung davon hat, ist ein Glaubender und keineswegs skeptisch. Ehrlich skeptisch sein bedeutet, auch der eigenen Meinung gegenüber ein gewisses Maß an Skepsis entgegen zu bringen.

Träume sollte man weder rein materialistisch betrachten, noch unter mystischen Aspekten. Es spricht jedoch nichts dagegen, auch psychische Zustände materialistisch im Sinne von physikalisch zu untersuchen. Mir genügt es sie zu beobachten. Ich glaube nicht, dass es sich dabei um Einflüsterungen von Göttern handelt. Ein Verlassen des Körpers ist auch auszuschließen. Eine reine Aufarbeitung des Alltags anzunehmen ist ebenso absurd. Träume sind eine Form reiner Wahrnehmung, mithilfe eines uns derzeit noch nicht bekannten Sinnesorgans. Sie können Symbole enthalten, die Zukunft vorher sagen, die Gedanken von anderen Menschen zeigen. Auch von solchen die schon verstorben sind. Das versuche ich seit Jahrzehnten zu beweisen.

Jung irrte insofern, als er in den Träumen vor allem das
Geheimnisvolle suchte. Ausdruck dieser Suche, oder
dieser Sucht ist sein "rotes Buch". Das Buch an sich ist
schon ein Symbol, nicht nur bloß sein Inhalt. Ebenso
wie auch die Ausstattung und die Art in der es
geschrieben wurde. Er war im Prinzip ein Mensch des
Mittelalters, der anscheinend noch nicht in der neuen
Zeit angekommen war. Das Buch schrieb er mit der
Hand in einem mittelalterlichen Stil. Er ahmte die alten
Bücher nach, die noch mühevoll per Hand auf
wertvollem Papier geschrieben und illustriert wurden,
weil es noch keine Druckmaschinen gab. Als wäre er
selbst ein Mönch, dessen Lebensaufgabe darin besteht,
die Bibel weiter zu verbreiten. Das fertige Buch
(eigentlich war es unfertig geblieben) wurde in rotes
Leder gebunden und in einem Tresor verstaut. Niemand
sollte es lesen. Es war seine persönliche
Auseinandersetzung mit sich selbst, mit seiner eigenen
Fantasie. Die Schrift enthält viele Symbole. Ich glaube,
er verlor sich in dieser Symbolwelt, statt sie zu
verstehen. Die größte Gefahr bei der Beschäftigung mit
sich selbst besteht darin, sich zu sehr auf die Symbolik
des Unbewussten einzulassen, oder dieser zu großen
Wert beizumessen. Deshalb sollte man vielleicht nicht
versuchen, die angebliche, symbolische Sprache des
Unterbewusstseins zu interpretieren. Eher sollte man es
umkehren und das Unterbewusstsein dazu bringen, sich
verständlich auszudrücken. Ich jedenfalls halte es so.

Vielleicht muss man Psychologie studiert haben, um das
Leben und den Menschen so kompliziert zu sehen, wie
Jung es tat. Ich halte seine Suche nach höherem Wissen,
nach Vervollkommnung des Menschen für realitätsfern.
Er lief einer Illusion nach. Menschen entwickeln sich,
das stimmt. Auch die Menschheit ist in der Entwicklung

begriffen. Die Evolution schreitet fort und ist keineswegs an ihrem Ziel angelangt. Das Ziel scheint jedoch nicht das „Gute" in der Welt zu sein. Betrachtet man die Natur realistisch, erkennt man eine andere Tendenz. Jede Gesellschaft entwickelt Hemmungen, weil sonst die Arterhaltung gefährdet wäre. Eine gewisse Ordnung muss herrschen. Sonst würden soziale Lebewesen sinnlos einander umbringen. Je intelligenter und befreiter jemand denken kann, desto besser und ausgefeilter muss die „Bremse" funktionieren – also die Hemmung Artgenossen zu dominieren, auszubeuten, zu vernichten. Wären wir wie der tasmanische Teufel, gäbe es uns Menschen schon lange nicht mehr. Diese Hemmungen werden über die Religion, oder über philosophische Theorien (wenn die Leute nicht an Götter glauben wollen, oder können) in Form von Symbolen den Menschen eingepflanzt. In diesem Sinne könnte man von einer höheren Macht sprechen (wenn man will), die sich in Form dieser Symbole Gehör verschafft. Sie haben aber nichts an sich, was man „höheren Zweck" nennen könnte. Es sind Notwendigkeiten. Tricks der Natur, wenn man so will.

Bei Religionen die mehrere Götter kennen, kann nicht so leicht Irritation entstehen. Deshalb haben die Menschen damit weniger Probleme. Der eine Gott kann etwas anderes wollen als ein anderer. Einer kann daher Böses wollen und der andere Gutes. Da muss der Mensch nicht einer unerreichbaren Idealvorstellung folgen. Beim Glauben an einen einzigen Gott entstehen viele logische Probleme. Es wird unverständlich, weshalb dieser Gott auch Böses geschehen lässt, obwohl man ja doch ganz brav war und man sich an seine Gesetze gehalten hat. Daraus entstehen dann schwere, innere Konflikte. Man verdammt sich selbst, wenn man

sehr religiös denkt, weil man das Ideal nicht leben kann.
Jung kreierte den Begriff des „Schattens". Böse
Menschen würden oft von Lichtgestalten träumen, gute
Menschen von dunklen Figuren. An dieser Theorie
zweifle ich stark. Sie beschreibt eher die eigene
Gedankenwelt Jungs. Meiner Meinung nach beging er
den Fehler, sich auf mystische Symbolik einzulassen.
Sogar auf solche die nachweislich erfunden war. Dazu
zähle ich die „chymische Hochzeit". Jung war fasziniert
von der Idee der inneren Reifung, welche sich angeblich
in den Träumen bemerkbar machen würde. In Wahrheit
transportierte er seine eigene Sehnsucht nach
mittelalterlichen Idealen in seine Theorien. Diese Ideale
wollte er in den Träumen seiner Mitmenschen – und
vermutlich auch in seinen eigenen Träumen – aufspüren.
Damit wurde er zum Wegbereiter gewisser esoterischer
Strömungen.

Wer an keinen Gott glaubt, erspart sich diese Konflikte
auch nicht unbedingt, weil er trotzdem dieselben
Ansichten darüber hat was gut und was böse ist. Sie
sind Teil der Gesellschaft. Jung glaubte, die Aufgabe
des Menschen liege darin, das Böse, das er den
„Schatten" nennt, zu überwinden. Deshalb sammelte er
Beweise für Initiationsträume. Das Problem dabei: man
träumt von den Dingen, die einen sehr beschäftigen. Das
wusste Jung, ohne die nötigen Konsequenzen zu ziehen.
Selbstverständlich träumte er aus genau diesem Grund
von seiner Symbolwelt – und nur deshalb.

In seinen Büchern erzählt er aber auch Warnträume.
Diese stammen von einer seiner Patientinnen. Sie
träumte oft davon, überfallen zu werden. Er interpretiert
die Träume falsch, aufgrund einer falschen Logik. Sie
selbst würde die Gefahr herbeiführen, oder sogar

suchen. Deshalb würde sie einsame Spaziergänge machen. Damit unterstellte er der Patientin, ihre Träume würden eine sich selbst erfüllende Prophezeiung enthalten. Tatsächlich wurde die Patientin auf einem ihrer einsamen Spaziergänge von einem Mann angegriffen. Das entsprach genau dem Traum. Jung meinte, die Träume würden sie davor warnen, alleine spazieren zu gehen. Bis hierher teile ich seine Logik. Er meinte jedoch, mit ihrem Verhalten würde sie – unterbewusst, aber aktiv – einen Angriff provozieren, also wollen. Davor wolle der Traum warnen. Dieser Meinung bin ich nicht. In einsamen Gegenden laufen selten viele Männer herum, die auf eine passende Frau warten, um sie überfallen zu können. Man kann überall überfallen werden. Ich glaube der Traum wollte sie einfach nur vor einer Gefahr warnen, welche da draußen auf sie wartete. Sie ging aber nicht alleine fort, damit sie angegriffen wird. Sie konnte es sich nur nicht vorstellen, Opfer zu werden.

Jung betrachtete Träume – wie Freud es auch tat - meistens als Schilderung des eigenen Innenlebens und deshalb musste er Träume auch fehlinterpretieren. Allerdings realisierte er doch auch, dass Träume die Zukunft zeigen können, ohne immer Wunscherfüllung sein zu müssen. Auch die Zukunft anderer Personen. Der überfallenen Patientin unterstellte er also indirekt, es sei ihr unterbewusster Wunsch gewesen, überfallen zu werden. Die Patientin nahm vermutlich die Warnung nicht ernst, weil sie keine derartigen Wünsche in sich fühlte und auch keine hatte. Jede Person die andere Menschen analysiert, interpretiert auch eigene Gedanken, Wünsche – und Problemstellungen – in den fremden Traum hinein. Der Psychologe analysiert ihn nicht, er arbeitet mit dem fremden Traum und analysiert sich letztlich selbst. Es ist Jungs Gedankengang was die Analyse aussagt. Er unterstellt Frauen, sie hätten unbewusste Wünsche was Männer betrifft. Wünsche die gefährlich sein könnten. Typische Gedanken für einen Mann einer Zeit.

Abgesehen von den Träumen des bereits erwähnten jungen Mädchens, das bald nach dem Verfassen eines Traumbuchs starb, dessen Träume er als symbolische Hinweise auf Tod und Wiedergeburt deutete, berichtete er auch von Träumen, die zwar auch symbolhaft etwas beschreiben, aber nicht symbolisch im höheren Sinne sind.

„Zum Zeitpunkt des Traums kann dieses Ereignis noch in der Zukunft liegen. Aber genauso wie unsere bewussten Gedanken sich oft mit der Zukunft und ihren Möglichkeiten beschäftigen, so tun es auch das Unbewusste und seine Träume. Man hat lange allgemein angenommen, die Hauptfunktion von Träumen sei die Voraussage der Zukunft. Im Altertum und bis ins Mittelalter hinein spielten Träume bei der medizinischen Prognose eine Rolle. Mit einem modernen Traum kann ich das Element der Prognose bestätigen, das sich in einem alten Traum findet, den Artemidorus von Daldis im 2. Jahrhundert vor Chr. zitiert: Ein Mann träumte, er sähe seinen Vater in den Flammen eines brennenden Hauses sterben. Nicht lange danach starb er selber an Phlegmone (Feuer, oder hohes Fieber) die, wie ich annehme, Lungenentzündung war.

Einer meiner Kollegen litt unter einem tödlichen Brandfieber – einer Phlegmone. Einer seiner früheren Patienten, der nichts über die Art der Krankheit seines

89

Arztes wusste, träumte, der Arzt käme bei einem großen Brand ums Leben. Zu der Zeit war der Arzt gerade ins Krankenhaus gekommen, die Krankheit hatte erst begonnen. Der Träumer wusste nichts als die bloße Tatsache, dass sein Arzt krank und im Krankenhaus war. Drei Wochen später starb der Arzt." (C.G. Jung, Der Mensch und seine Symbole, Walter Verlag Seite 78)

Ich glaube nicht, dass man in diesem Zusammenhang nur von einer Beschäftigung des Unterbewusstseins, Jung nennt es Unbewusstes, mit Möglichkeiten sprechen kann. Es gibt viele mögliche Todesarten und wenn das Traumbewusstsein genau die richtige heraussucht, kann es sich dabei kaum um Zufall handeln, einem eher zufällig entstandenen Produkt von logischen Überlegungen. Es ist klares Wissen, ohne dabei auf bewusst empfangene Informationen zugreifen zu können, weil es solche nicht gibt. Aus eigenem Erleben kann ich von vielen derartigen Träumen berichten. Jung versteht diese Träume vermutlich nicht als paranormal, sondern als Produkt logischer Überlegungen des Unterbewusstseins, aufgrund vorhandener „normal" empfangener Fakten. So ist das aber nicht. Das Unterbewusstsein braucht keine Informationen die man auf sinnlichem Weg erfahren kann. Es hat andere Informationsquellen.

Mein Onkel war lange Zeit durchaus fit. Mit 60 Jahren begann er erst so richtig Sport zu betreiben. Die Pension macht vieles möglich, was vorher Wunschdenken war. Er ging im Sommer regelmäßig schwimmen, fuhr im Winter Schi, begann zu joggen. Einmal träumte ich von ihm. Er befand sich im Wasser und sein Körper nahm das Wasser auf. Davon wurde er immer dicker. Einige Jahre später litt er an „Wassersucht". Die Beine waren

so dick, dass er sie als „Elefantenfüße" bezeichnete.
Obwohl er regelmäßig zu Ärzten ging, wurde sein
Problem nicht gelöst. Das ging so lange, bis wir endlich
an einen guten Arzt kamen. Dieser stellte ihn richtig ein
und es war mit den Elefantenfüßen vorbei. Niemand
hätte aufgrund seines körperlichen Zustands wissen
können, dass er diese Krankheit Jahre später bekommen
würde.

Wie man an diesem Beispiel erkennt, muss es nicht
unbedingt um Leben oder Tod gehen, damit das
Traumbewusstsein uns etwas mitteilt. Würde man auf
solche Träume hören, könnte man sich viel Leid
ersparen, was ich am eigenen Körper erlebt habe.

Seine eigenen Träume waren scheinbar immer voller
Symbole und sagten nur selten klar was sie sagen
wollten:
*"Auf einer kleinen Straße ging ich durch eine hügelige
Landschaft. Da kam ich an eine kleine Wegkapelle. Die
Tür war angelehnt und ich ging hinein. Vor dem Altar,
auf dem Boden, mir zugewandt, saß ein Yogi - im Lotus-
Sitz und in tiefer Versenkung. Als ich ihn näher
anschaute, erkannte ich, dass er mein Gesicht hatte. Ich
erschrak zutiefst und erwachte an dem Gedanken:
Ach so, das ist der, der mich meditiert. Er hat einen
Traum und das bin ich."*

Ob Jung diesen und andere symbolische Träume die er
hatte, richtig interpretierte, ist schwer zu sagen. Ich
glaube eher nicht daran. Vielleicht antwortete ihm das
Unterbewusstsein in Form von Symbolen, weil er es
dazu aufforderte, sich mit ihm in dieser Sprache zu
unterhalten. Wie anders hätte es sich ihm auch öffnen
können. Schließlich beschäftigte er sich fast nur mit

Symbolen. Er liebte das Geheimnisvolle, das Rätsel.
Also produzierte es Rätsel.

In Träumen verbinden sich oft die verschiedensten
Inhalte zu einer neuen Geschichte. Ich würde meinen,
Jung forderte sein Unterbewusstsein ständig dazu auf,
mit ihm zu kommunizieren, wobei er die Sprache in der
diese Kommunikation stattfinden sollte, vorgab. Die
Frage ist nur, ob auch sein Unterbewusstsein bereit,
bzw. fähig war sich so auszudrücken, wie er es von ihm
erwartete. Oder hatte es seine eigene Symbolik, die gar
nicht verstanden werden wollte. Der geschilderte Traum
ist eine etwas modifizierte Form der Geschichte des
Dschuang Tse:

*"Dschuang Tse träumte einst, er sei ein Schmetterling,
ein Schmetterling der fröhlich umher flatterte und
nichts wusste von Dschuang Tse. Dschuang Tse wachte
auf und fragte sich: Bin ich Dschuang Tse, und träumte,
ich sei ein Schmetterling? Oder bin ich ein
Schmetterling, und träume, ich sei Dschuang Tse?"*

Jung kannte den Traum ganz sicher, deshalb ist es auch
keineswegs verwunderlich, dass er einen ähnlichen
Traum hatte. Sein Unterbewusstsein drückte sich nur
anders aus. Er ist ja nicht Schuang Tse. Mit chinesischer
Philosophie und mit chinesischer Alchemie beschäftigte
er sich auch. Sein Traum käut die Frage des Tschuang
Tse daher wider. Vielleicht hat das Traumbewusstsein
einfach nur versucht die Tschung Tse Geschichte zu
verstehen. Sie klingt einfach und leicht verständlich –
aber ist sie das auch wirklich? Sie stellt eine Frage und
gibt darauf keine Antwort. Wer kann sie beantworten?
Jungs Traum antwortet auf die Frage: „Wer bin ich?"
mit „Ich bin der Traum!" Das könnte man so deuten: Er

meditiert und was er zu sehen bekommt ist er selbst. Er
selbst ist auch der Traum. Sein Leben, seine Gedanken
sind voller Träume. Keine Realität.

Jung wird seinen Traum sicher anders interpretiert
haben als ich es tue.

Ein Traum in dem er scheinbar nicht sich selbst
begegnet: "*Ich war in einer Gegend, die mich an die
Alyscamps bei Aries erinnerte. Dort befindet sich eine
Allee von Sarkophagen, die bis auf die Merowingerzeit
zurückgehen. Im Traum kam ich von der Stadt her und
sah vor mir eine ähnliche Allee mit einer langen Reihe
von Gräbern. Es waren Postarmente mit Steinplatten,
auf denen die Toten aufgebahrt waren. Dort lagen sie in
ihren altertümlichen Kleidern und mit gefalteten
Händen wie in alten Grabkapellen die Ritter in ihren
Rüstungen, nur mit dem Unterschied, dass die Toten in
meinem Traum nicht in Stein gehauen, sondern auf eine
merkwürdige Weise mumifiziert waren. Vor dem ersten
Grab blieb ich stehen und betrachtete den Toten. Es war
ein Mann aus den dreißiger Jahren des 19.
Jahrhunderts. Interessiert schaute ich mir seine Kleider
an. Plötzlich bewegte er sich und wurde lebendig. Er
nahm die Hände auseinander, und ich wusste, dass das
nur geschah, weil ich ihn anschaute. Mit einem
unangenehmen Gefühl ging ich weiter und kam zu
einem anderen Toten, der in das 18. Jahrhundert
gehörte. Da geschah das gleiche: als ich ihn anschaute,
wurde er lebendig und bewegte die Hände. So ging ich
die ganze Reihe entlang, bis ich sozusagen in das 12.
Jahrhundert kam, zu einem Kreuzfahrer im
Kettenpanzer, der ebenfalls mit gefalteten Händen
dalag. Seine Gestalt schien wie aus Holz geschnitzt.
Lange schaute ich ihn an, überzeugt, dass er wirklich*

93

tot sei. Aber plötzlich sah ich, dass sich ein Finger der linken Hand leise zu regen begann."

Manche Verfechter der Wiedergeburtstheorie würden diesen Traum als Erinnerung an frühere Inkarnationen deuten, aber auch da stellt sich die Frage, ob solche angeblichen Traumerinnerungen immer echt sind. Mumifizierungen sind keine seltene Sache. Gerade in der jüngeren Zeit die er erwähnt, wurde es modern, die Toten wieder zu mumifizieren. Rosalia Lombardo war ein kleines Kind, das im Alter von zwei Jahren starb. 1920 wurde sie mumifiziert und im Gruftgewölbe des Kapuzinerkonvents bestattet. Sie sieht aus als würde sie nur schlafen. Bis vor wenigen Jahren rätselten die Wissenschaftler wie das möglich sei. Es könnte durchaus sein, dass er davon bewusst oder unbewusst Kenntnis erlangte. Dabei spielt es keine Rolle, ob dieser Traum vor oder nach der Bestattung entstand. Zumindest wenn man meiner Argumentation folgt, man könne Jahre vor einem Ereignis etwas voraussagen. Sein Traumbewusstsein könnte das Bild des Mädchens aufgenommen und verfälscht haben, um es an seine Vorstellungen anzupassen. Da er symbolische Antworten erwartete, bediente ihn sein Unterbewusstsein auch damit, um ihm eine Freude zu machen. Während er in Wahrheit über die Einbalsamierung des Mädchens nachdachte. Sie sieht aus, als könne im nächsten Moment die Augen öffnen. Das sind selbstverständlich Spekulationen. Sie dienen nur der Illustration, damit man erkennt, wie viele Möglichkeiten der Deutung eines Traums es geben kann. *"Da sagte ich mir: «Ich weiß so gar nichts, dass ich jetzt einfach das tue, was mir einfällt.» Damit überließ ich mich bewusst den Impulsen des*

Unbewussten"
(Erinnerungen, Träume, Gedanken von C.G. Jung
Aufgezeichnet und herausgegeben von Aniela Jaffé,
Walter Verlag Zürich und Düsseldorf)

Der Rest des Traums sagt hingegen recht deutlich und
klar was mit ihm geschah. Er überließ sich bewusst den
Impulsen des Unbewussten. Darauf vertrauend, es sei
klüger als er und würde ihn behüten und führen, weil er
selbst eigentlich keine Ahnung hat. Nur leider ist das
nicht immer so einfach. Es funktioniert nicht wenn man
glaubt, man müsse die Sprache des Unterbewusstseins
beherrschen lernen. Das ist gerade umgekehrt. Man
muss das Traumbewusstsein auffordern, die Sprache des
modernen Menschen zu sprechen. Das kann es
durchaus.

Träume zu verstehen ist schwer. Man sollte mit
Interpretationen deshalb sehr vorsichtig sein. Direkte
Aussagen, die deutlich eine Erkenntnis ansprechen, oder
die Zukunft vorher sagen, sind meistens in kleinere
Szenen verpackt. Man muss nach ihnen suchen. Oft sind
es wenige, warnende Worte die jemand direkt zum
Träumenden sagt, seltener ganze Geschichten. Wie in
diesem Fall, sind es einige Sätze die man selbst denkt.
Doch was man selbst denkt, ist meistens falsch.
Betrachten wir die Träume als eine Ebene, auf der wir
mit dem Traumbewusstsein kommunizieren. Es hat
seine eigene Logik und seine eigene Wahrheit.
Manchmal widerspricht es uns und das muss man
akzeptieren. Sonst bekommt man keine Antworten
mehr.

Was passiert im Schlaf?

Unsere moderne Wissenschaft macht es erstmals möglich, auch Schlaf und Traum zu erforschen. Dazu verwendet man ein EEG, oder seit neuestem auch die Computertomographie. Trotzdem gibt es auf diesem Gebiet noch weit mehr Rätsel als Wissen.

Heute weiß man, dass nicht alle Tierarten auf dieselbe Weise schlafen wie wir Menschen. Junge Wale schlafen überhaupt nicht und wenn sie erwachsen sind, schläft immer nur eine Gehirnhälfte. Warum man schlafen muss, weiß die Wissenschaft nicht. Es gibt dazu bisher nur Theorien. Offenbar muss man aber, wie dieses Beispiel zeigt, nicht unbedingt schlafen, denn sonst könnten die jungen Wale nicht überleben. Wer nicht schläft, träumt auch nicht. Nicht-Schläfer sind jedoch eher die Ausnahme, als die Regel. Fast alle Tiere schlafen und sie träumen auch - sogar die Fische. Schlaf an sich ist einer Ruhe- und Regenerationsphase. Träumen ist jedoch etwas Aktives.

Man nimmt zumindest an, dass Schlaf der Erholung und Regeneration dient. Dennoch muss Schlaf wohl auch noch einen anderen Zweck erfüllen, als nur Energie einzusparen. Sonst würden wir nicht träumen wenn wir schlafen. Auch der Traum kostet Energie. Noch dazu versetzt uns der Schlaf in einen ausgesprochen wehrlosen Zustand. Ein ungeheures Risiko für jedes Lebewesen. Würde die Natur den Schlaf nicht durch andere Verhaltensweisen ersetzen, wenn es sich nicht in irgendeiner Weise lohnen würde, dieses Risiko einzugehen? Mit dem Winterschlaf mancher Tierarten lässt sich der normale Schlaf nicht vergleichen.

Für den Menschen ist ausreichender Schlaf offenbar lebenswichtig. Schlafmangel wirkt sich auf verschiedene Weise negativ aus. Unter anderem auf das Gedächtnis, wobei es davon abhängt, welche Schlafphasen man zulässt und welche nicht. Früher glaubte man, nur während der REM Phase würde man träumen. Träume werden jedoch, wie man heute weiß, in allen Phasen des Schlafes erlebt. Frauen erinnern sich häufiger an Träume als Männer. Das mag daran liegen, dass Frauen sich mehr mit psychologischen Themen und somit mit Träumen beschäftigen, während Männer dem Traum eher weniger Bedeutung zumessen.

Manche Menschen glauben, sie würden niemals träumen, weil sie sich nicht an ihre Träume erinnern. Ich glaube, dass Traumerinnerungen zum Teil davon abhängen, ob man sich mit Träumen beschäftigt, oder nicht. Träume werden zum Teil aber auch absichtlich vergessen. Aus Mangel an Interesse an der Traumgeschichte, oder weil die Traumgeschichte Angst macht. Dieses Vergessen geschieht auch aktiv.

Als ich ungefähr 15 Jahre alt war, sollte ich einer Psychologin meine Träume erzählen. Was ich auch tat. Sie „analysierte" diese Träume, woraufhin ich plötzlich keinerlei Erinnerungen mehr an meine Träume hatte. Ich vergaß sie, obwohl ich mir sonst häufig meine Träume merkte. Auch wenn ich gestresst bin, wenn mich etwas beschäftigt, erinnere ich mich phasenweise fast nie an meine Träume. Es scheint, als würde ich meine Aufmerksamkeit zu dieser Zeit in eine andere Richtung lenken und so die Erinnerung nicht zulassen. Es hängt

97

also durchaus vom eigenen Willen ab, ob man sich an
Träume erinnert, oder nicht.

Wer sich mit seinen Träumen beschäftigen möchte,
muss unbedingt ein Traumtagebuch führen, das er direkt
neben seinem Bett liegen haben sollte. Nur wenn man
sofort nach dem Aufwachen seinen Traum notiert, kann
man ganz sicher sein, dass man sich nicht „falsch
erinnert". Ein laut klingelnder Wecker wird die
Erinnerung an einen Traum vermutlich verscheuchen,
ebenso morgendliche Hektik. Wer sofort seine
Aufmerksamkeit auf seine Umgebung lenkt, oder sich
gleich beim Aufwachen mit dem kommenden
Tagesablauf beschäftigt, wird wenig Erfolg haben. Ideal
wäre es, etwa eine halbe Stunde früher als notwendig
einen leisen Wecke einzustellen, damit man sanft
erwacht. Dann kann man noch leicht weiter dösen,
langsam erwachen und den Traum notieren.

Ob man nun seine Träume analysieren möchte, oder
überprüft, ob sie die Zukunft vorher sagen ist egal.
Wichtig ist, dass man eine positive Einstellung zu
seinen Träumen entwickelt und auch bereit ist, eventuell
auftretende Angstträume zuzulassen. Träume sind zwar
vermutlich eher nicht dazu bestimmt, ins Bewusstsein
zu dringen, sonst hätten wir sie ja nicht gerade dann,
wenn wir total unbewusst sind. Sie können uns aber sehr
viel über uns selbst und über die Welt um uns herum
sagen und zeigen. Der Traum kann auch ein Weg sein,
sich mit dem eigenen Unterbewusstsein zu unterhalten.
Er ist ein Schlüsselloch, durch das wir in Regionen
spähen können, die uns normalerweise verschlossen
bleiben.

98

Was können uns Träume mitteilen?

Ich bin kein sehr großer Mensch, was mich heute nicht mehr stört. Als ich noch sehr jung war, litt ich aber darunter. Mir ein fiel ein Buch in die Hand, das mein Leben verändern sollte. Es handelte vom autogenen Training. Nachdem ich es gelesen hatte, begann ich mit den Übungen. Jeden Abend vor dem Einschlafen suggerierte ich mir: „ich wachse, ich wachse, ich wachse!". Das hielt ich einige Zeit über durch, fest daran glaubend, oder wenigstens hoffend, ich könne auf diese Weise etwas gegen meine zu geringe Größe tun. Eines Nachts hatte ich folgenden Traum:

„In einem sonst leeren Raum schwebten gedrehte Fäden. Es ging dabei um meine Suggestion. Diese Fäden bestanden aus lauter aneinandergereihten Zahlen, die ich mir aber nicht merken konnte. Sie bedeuteten: Im Augenblick sind Änderungen leider nicht durchführbar."

Mit anderen Worten: der Traum sagte mir, indem er mir die Doppelhelix zeigte, wenn auch verändert, denn die Wissenschaftler haben dafür Buchstaben gewählt, der Traum jedoch Zahlen, meine Bemühungen würden nichts fruchten. Mir schien nichts anderes übrig zu bleiben, als diesen Widerspruch zu akzeptieren. Ich fand mich damit ab, so klein zu bleiben wie ich es gerade war. Es passierte mir noch öfter in meinem Leben, dass mein Traumbewusstsein mir deutlich widersprach. Würde der Traum Wünsche, oder Ängste zeigen, könnte er in dieser Weise nicht widersprechen. Es ist klar, dass er mir die Realität vor Augen führen wollte, während ich mich einer Illusion hingab. Der Traum war einerseits symbolisch, weil er zeigte wie meine Gene angeordnet waren, andererseits sprach er Klartext. Das musste ich verstehen.

Als ich im Fernsehen einmal einen Beitrag über Sterbehilfe sah, dachte ich noch lange darüber nach, ob es gut, oder schlecht sei, jemandem beim Sterben zu helfen. Die Meinungen darüber gehen ja ziemlich auseinander. Ich dachte, es sei schlecht sich umzubringen, auch wenn man leidet und es keine Aussicht auf Besserung mehr gibt. In der folgenden Nacht träumte ich:

„Ich sah mich selbst in einem Krankenbett im Nachthemd sitzen. Zumindest dachte ich, das sei ich. Erkennen konnte ich mich eigentlich nicht. Irgendwie kam ich mir sogar fremd vor. Offenbar war ich alt und ich bekam keine Luft. Jemand sagte: „Kauf dir eine Pistole damit du dich erschießen kannst, wenn ES soweit ist, sonst wirst du qualvoll ersticken." Darüber dachte ich im Traum nach. Ich fragte mich, ob ich bis dahin die Pistole überhaupt noch wiederfinden würde, wenn ich sie jetzt kaufe, denn das Ereignis schien in weiter Ferne zu liegen.

Seither denke ich über dieses Thema anders. Der Traum erklärte mir, es sei in Ordnung wenn man sich am Ende des Lebens umbringt, um sich Qualen zu ersparen. In diesem Fall hat der Traum tatsächlich ein Tagesereignis aufgegriffen und seine Meinung dazu gesagt. Die Theorie, Träume würden nur Tagesereignisse verarbeiten lässt sich in keiner Weise überzeugend belegen. Auch nicht durch diesen Traum, denn der antwortete zwar auf meine Überlegungen, wies mich

jedoch auch auf die Zukunft hin. Auf eine ferne
Zukunft, welche mit dem Tagesgeschehen absolut nichts
zu tun hatte.

Es gibt Träume die Ereignisse beschreiben, die man
überhaupt nicht erleben kann. Von ihrer Intensität her
könnte man sie als Visionen bezeichnen, aber ich
glaube, dass sie nur deshalb als so eindringlich erlebt
werden, eben weil sie uns mit etwas bekannt machen,
was jenseits des Erlebbaren angesiedelt ist. Wären es
Wunschvorstellungen, könnten wir sie jederzeit
hervorrufen, doch so ist das nicht. Das
Traumbewusstsein scheint einen eigenen Willen zu
haben. Man kann es dazu bringen, dringende Fragen zu
beantworten. Zwingen lässt es sich nicht. Visionen
treten spontan auf. Während einer Meditation
beispielsweise, aber auch kurz vor dem Erwachen.

Es gab eine Zeit, da beschäftigte ich mich mit
autogenem Training und ich meditierte. Falls man das
so nennen kann, denn alles was ich tat machte ich
irgendwie, wie es mir gerade einfiel. Auch mit Yoga war
ich in Berührung gekommen, erstmals wurde ich mit der
Theorie der Wiedergeburt konfrontiert. Damals war ich
ein Mensch, der gerne fromm gewesen wäre, aber ich
konnte nicht einfach etwas glauben, nur weil es in
einem Buch stand. Dabei hatte ich schon als Kind an der
Religion gezweifelt und mich von der Kirche
abgewendet. Es war eine neue Religiosität die mich
ergriffen hatte. Ich wollte nicht glauben, sondern
wissen. Bei meinen Meditationen versuchte ich zu
erkennen, wer ich in einem früheren Leben gewesen sei.
Natürlich hoffte ich auf die Erinnerung an ein heiliges
Leben, denn ein solches Dasein strebte ich an. Mir
imponierten Leute wie Sri Aurobindo. Mein Wunsch so

101

ein Mensch gewesen zu sein, war extrem groß. Doch so
sehr ich mich auch konzentrierte, es kam keine Antwort.
Nach einiger Zeit gab ich meine Bemühungen
enttäuscht auf. Vielleicht hätte mir mein
Unterbewusstsein geantwortet, aber ich hatte Vorurteile.
Im Prinzip lautete meine Frage ja nicht wer ich war,
sondern welcher heilige Mensch ich gewesen war. Ein
solcher war ich vermutlich nie gewesen. Was hätte mein
Traumbewusstsein mir antworten sollen?

Wären Träume reine Wunscherfüllungen, hätte ich
damals von früheren Leben als Heiliger geträumt. Oder
ich hätte eine spontane Erinnerung während der
Meditation gehabt. Doch das passierte alles nicht.

Nachdem ich meine Bemühungen aufgegeben hatte,
vergaß ich auf eventuelle, frühere Leben. Es
interessierte mich nicht mehr. Viele Jahre danach – mein
Leben hatte sich inzwischen total verändert - sah ich im
Fernsehen ganz kurz ein Foto Strindbergs. Noch nie
hatte ich ein Foto von ihm gesehen. Ich hatte weder ein
Stück von ihm gesehen, noch etwas von, oder über ihn
jemals gelesen. Nordische Schriftsteller waren mir
unsympathisch, ja sogar ganz Nordeuropa lehnte ich
total ab. Nie wäre ich auf die Idee gekommen, etwa
nach Schweden auf Urlaub zu fahren. Ibsen kannte ich
zwar dem Namen nach, mehr aber schon nicht.
Strindberg kannte ich überhaupt nicht, auch nicht dem
Namen nach. Es gab eine Zeit da las ich Textbücher von
Theaterstücken. Romane las ich nur wenn ich musste.
Strindberg war damals bei uns gerade nicht modern. Ich
weiß gar nicht, ob es damals überhaupt etwas von ihm
zu kaufen gab. Erst nachdem ich folgendes Erlebnis
hatte, kamen nach und nach Bücher über ihn heraus und
hin und wieder spielte man eines seiner Stücke.

In der folgenden Nacht träumte ich: Ich „wusste" mein ganzes, früheres Leben und ich wusste, ich war Strindberg gewesen. Es war, als wäre alles in einem einzigen, kleinen Punkt eingebrannt. Alles war gleichzeitig da, es gab keinen linearen Verlauf. Im Wachzustand ist es gar nicht möglich, so viel Wissen gleichzeitig im Kopf zu haben. Nur für einen kurzen Augenblick war alles da, ohne dass sich sonst ein Gedanke regte. Dann plötzlich wurde mir bewusst, dass es sich um ein dunkles, furchtbares Leben voller Schwierigkeiten und Problemen gehandelt hatte und ein Gedanke trat auf, der alles Wissen zurück drängte: Es ist vielleicht besser, wenn man sich nicht an frühere Leben erinnert! In Erinnerung blieb mir sonst nur wenig, außer dass ein zentrales Problem meines damaligen Lebens, die Beziehung zu meiner Mutter war.

Hätte es sich bei diesem Traum um Wunscherfüllung gehandelt, wäre mir sicher ein anderer Mensch in den Sinn gekommen. Erstens einer von dem ich schon gehört hätte und zweitens einer, der ein besonders heiliges Leben gehabt hätte, oder sonstwie positiv auf mich gewirkt hätte. Schon während des Traums fühlte ich eine enorme Ablehnung diesem Leben und dieser Person gegenüber. Statt um eine strahlende Person ging es um einen Mann ,dessen Schicksal ich vorher nicht kannte, von dem ich nichts wusste und der mir zudem extrem unsympathisch war, als ich begann, mich mit seiner Biografie zu beschäftigen. Zwar muss man zugeben, dass dieser Traum durch ein Foto ausgelöst worden war, das ich kurz zuvor gesehen hatte, sowie einen Namen der genannt worden war. Aber weder das Foto, noch der Name sagte mir etwas. Hätte es sich um die Beschäftigung mit den Erlebnissen des Tages gehandelt, wären andere Dinge wohl weit interessanter

103

gewesen. Zudem hatte ich mich Jahre vorher vergeblich
bemüht zu einer Erinnerung zu kommen. Warum sollte
gerade jetzt, nach über zehn Jahren, wo ich daran gar
nicht mehr dachte, weil sich mein Leben total verändert
hatte, ein solcher Traum auftreten? Das Foto war
offensichtlich der Auslöser. Offenbar bedeuteten mir
Fotos sehr viel – aber in negativer Hinsicht. In meinem
derzeitigen Leben hatte ich einmal fast alle Fotos von
mir vernichtet. Das war zu meiner frömmelnden Zeit,
als ich heilig sein wollte. Fotos von sich selbst zu
besitzen, erschien mir damals als Sünde. Als würde man
sich selbst verehren. Nur wenige Fotos entgingen dieser
Säuberung, weil sie von anderen Menschen aufbewahrt
worden waren. Das erklärt, weshalb gerade ein Foto
zum Auslöser der Erinnerung wurde. Umgekehrt machte
Strindberg viele Fotos von sich, was schon etwas
selbstverliebt auf mich wirkte.

Wie man wiederum deutlich erkennen kann, sind
Träume doch viel mehr als „Schäume". Sie enthalten
Wahrheiten und können sogar die Zukunft zeigen, wie
ich bereits festgestellt habe, aber auch die
Vergangenheit.

Viele Menschen glauben es gäbe eine außerkörperliche
Wahrnehmung, die kein Traum ist, sondern reales
Erleben. Mit anderen Worten: sie glauben die Seele
würde beim Träumen den Körper richtiggehend
verlassen. Aber nicht nur im biologischen Traum,
sondern auch im Zustand des Sterbens.

Dem widersprechen Wissenschaftler. Sie halten die
„Außerkörperlichkeit", bei der man sich selbst sehen
kann und die einen bewussten Zustand darstellt, für eine
Täuschung. Deshalb füge ich sie meinen Betrachtungen

zum Thema Traum bei. Ich glaube eher nicht, dass es sich dabei um eine echte, außerkörperliche Erfahrung handelt in dem Sinn, dass man wirklich seinen Körper verlässt, sondern um einen Traumzustand. In diesem Zusammenhang stellt sich die Frage, ob die „Seele", oder das Bewusstsein, sich tatsächlich im Körper befindet, oder ob sie, ähnlich wie bei einem Radio, eigentlich außerhalb existiert und den Körper nur „belebt".

Liest man die Berichte derer die angeblich den Körper verlassen haben, stößt man auf immer gleiche Formulierungen. Es ist die Rede von Vibrationen, Erschütterungen und einem Heraus Rollen aus der körperlichen Hülle. Derartige Träume sind wohl eher selten. Obwohl ich seit Jahrzehnten meine Träume sammle, hatte ich nur diesen einen, einzigen Traum, den man als „außerkörperliche Erfahrung" bezeichnen könnte, wobei die beschriebenen Anfangsstadien bei mir nicht auftraten. Vielleicht gab es dieses Stadium nicht, vielleicht vergaß ich einfach nur auf sie. Diesen Traum der sich wie eine Vision anfühlte, hatte ich beim Aufwachen am Morgen. Am Abend zuvor hatte mich eine totale Verzweiflung über diese grausame Welt gepackt. Ich weinte bis zur Erschöpfung, um mir selbst dann zu erklären, alle Lebewesen sollten vor mir erlöst werden. Ich wolle warten um denen zu helfen, die noch leiden müssen. Dieses Traumerlebnis fiel noch in meine heilige Phase. Es war gigantisch und endete in neuer Verzweiflung.

Ich flog durch das Weltall. Die Sterne sausten an mir vorbei, bzw. ich an ihnen. Die Geschwindigkeit mit der ich mich bewegte schien enorm zu sein. Anfangs hatte ich noch etwas Ähnliches wie eine Form, aber keinen materiellen Körper, dann begann ich mich auszudehnen und die Sterne waren in mir, als wäre ich selbst das Weltall. Die Bewegung wurde ruhig. Es war mehr ein Strömen, als ein Fliegen und wie bei einem Wasserabfluss zog ich mich in mich selbst hinein, als wäre ich Inhalt und Gefäß zugleich. Die Einheit aller Dinge! Genau diese Worte kamen mir als erstes in den Sinn. Ich kannte sie aus der Bibel, dachte ich und wunderte mich, dass sie so treffend waren. Plötzlich herrschte totale Stille, als ich auf der anderen Seite wieder hervor strömte. Nichts war außer mir. Unendlichkeit, Ewigkeit, Glückseligkeit waren nicht mehr Worte, sondern erlebter Zustand. (Die Worte die ich zur Beschreibung dieses Zustandes verwende, fielen mir zum Teil erst nachträglich ein, nachdem ich erwacht war.) Auf einmal erwachte ich und wusste nicht, ob der Traum ewig gedauert hatte, oder bloß einen Augenblick, denn Zeit gab es in ihm keine.

Dieser Traum beeindruckte mich selbstredend enorm. Er war jedoch nachträglich ausgesprochen deprimierend, weil er mir etwas zeigte, was mir im selben Augenblick wieder genommen wurde. Was ich erst viel später erkannte war: ich war allein.

Eine Alltagserfahrung war es also nicht, Fantasie kann es auch nicht gewesen sein, weil diese an gewohnte und bekannte Vorstellungen gebunden ist. Ewigkeit und Unendlichkeit, unendliches Glück, alles das hatte ich zuvor noch nie erlebt. Zumindest nicht in diesem Leben. Woher also hätte ich die nötige Fantasie nehmen sollen, mir das alles einzubilden?

In vielen Berichten über außerkörperliche Erfahrungen geht es um ein Schweben im Weltall und um Licht, von

dem sich der Träumer durchflutet fühlt, sowie um
besondere psychische Zustände. Es sind Erfahrungen
die theoretisch jeder machen kann. Doch nicht jeder
macht sie. Wie bei allen Träumen und Visionen gehört
auch eine innere Bereitschaft dazu. Man muss etwas
dafür tun. Ich habe mir diesen Traum erlitten.

Träume von früheren Leben

War Karlen in einem früheren Leben Anne Frank?

Diese Frage kann wohl niemand mit Sicherheit
beantworten. Angeblich gibt es neben Karlen noch acht
weitere Frauen die glauben, die wieder inkarnierte Anne
Frank zu sein. Das alleine ist ein Grund, sich näher mit
diesem Fall zu beschäftigen. Doch statt zu untersuchen,
verliert man sich in ideologischem Geschwafel. Man
darf nur glauben was ins jeweilige politische Bild passt.

Georg Otto Schmid verbietet zwar nicht, aber er meint
wohl, das gehöre verboten:
*Hier liegt die eigentliche Gefahr des
Reinkarnationsglaubens: dass historische Geschehnisse
im Grunde jede Bedeutung einbüssen. Einmaliges wird
unwichtig, unfaire und auch schreckliche
Konstellationen unerheblich oder gar wünschbar, da sie
die Möglichkeit schaffen, Karma abzutragen. So wird
derjenige Glaube, der geglaubt wird, um der
Bedeutungslosigkeit des Einzelnen zu entgehen, zu
einem Glauben, der dazu beiträgt, dass das Einzelne
der Geschichte seine Bedeutung verliert.*

Kann man es sich aussuchen, ob es Wiedergeburt gibt,
oder nicht? Ich glaube nicht. Entweder es gibt
Reinkarnation, oder eben nicht. Abgesehen davon
stimmt seine Behauptung gar nicht. Im Gegenteil wird
jedes Lebewesen wichtiger, sofern die
Wiedergeburtstheorie Realität ist, weil jedes Vorleben
Bedeutung hat für das, was man gerade ist. Lehnt man
108

diese Theorie ab, in der Hoffnung auf Lohn und Strafe
im Jenseits, kommt man zu folgendem Schluss:
Niemand kann etwas dafür wenn er behindert zur Welt
kommt. Oder wenn er arm ist und was auch immer.
Wieso wird dann über alle gleich geurteilt, wenn doch
jeder unter anderen Voraussetzungen zur Welt kommt.
Ist jemand reich und gesund, kann er leicht ein guter
Mensch sein. Ein armer, kranker Mensch muss um sein
Überleben kämpfen. Ihm fällt es schwerer, gut zu sein.
Ob das Lohn/Strafe System auf die
Wiedergeburtstheorie angewendet werden kann oder
nicht, spielt dabei keine so große Rolle. Jeder bekommt
immer wieder eine neue Chance, unter immer neuen
Bedingungen.

Wäre es nicht sinnvoller, sich ernsthaft mit diesem Fall
zu beschäftigen, statt ihn verbieten zu wollen? Wenn
Karlen nicht die Wiederverkörperte Anne Frank ist -
warum versucht man nicht, dies zu beweisen - und wenn
sie es doch ist - tut man ihr dann nicht doppelt Unrecht?
Ich kann nicht feststellen, ob sie Anne Frank war, oder
nicht, aber ich kann mir Gedanken machen, ob das was
sie behauptet plausibel ist, oder nicht. Was spricht dafür,
was spricht dagegen?

Die Tagebücher der Anne Frank sind heftig umstritten.
Sie wurden immer wieder als Fälschungen bezeichnet,
was zu Prozessen und Schlagzeilen führte. Andererseits
wurden sie heftig beworben und es wurden sogar auf
ihrer Basis Theaterstücke geschrieben und auch Filme
wurden nach diesen Angaben gedreht.
Karlen behauptet, immer wieder von sich selbst in der
Rolle von Anne Frank geträumt zu haben. Sie schrieb
einen Roman, in welchem sie diese Traum Erinnerungen

schildert. Das mag ja stimmen, aber war sie deshalb auch Anne Frank?

Im Elternhaus von Barbro Karlen war Anne Frank offenbar Thema, denn - wie Karlen selbst schreibt - fuhren sie mit ihrer Tochter nach Holland, als diese 10 Jahre alt war und besuchten das Haus, in dem Anne Frank sich versteckt hielt. Das tut ja nicht jeder der nach Amsterdam fährt und auch nicht jeder fährt nach Holland. Ich war dort noch nie. Es wäre durchaus möglich, dass sie auch schon früher von ihr hörte, oder etwas in der Zeitung las, vielleicht ein Bild sah. Ernsthafte Forscher würden die Eltern über diesen Umstand befragen. Leider geht das jetzt nicht mehr, weil sie bereits verstorben sind. Karlens angebliche frühen Erinnerungen könnten theoretisch Pseudoerinnerungen sein, aufgrund von mitgehörten Diskussionen der Eltern, etwa über einen Film, oder einen Zeitungsartikel. Der Besucht von Anne Franks Haus, könnte auch dazu geführt haben, dass sie sich mit Anne Frank identifiziert. Umgekehrt könnte es sein, dass diese Reise die Folge ihrer unterbewussten Wünsche waren, sich an ihr Vorleben zu erinnern.

Karlen schreibt, sie wäre von einem Psychologen untersucht worden. (Seite 9 in ihrem Buch) Lebt dieser Psychologe noch, kann man ihn befragen, ob diese Behauptung stimmt? Zählen wir einmal pro und kontra auf.
Kontra: Warum schreibt Karlen nicht in der ich-Form, wenn es sich um eine Biographie handelt? Ist sie sich unterbewusst vielleicht doch nicht so sicher, dass sie Anne Frank war und stellt deshalb eine Distanz zur "Wiederverkörperten" her? Warum erfindet sie im Roman für sich ausgerechnet einen Namen, der

110

angeblich häufig von Jüdinnen getragen wurde - eine
Klischeevorstellung!

Sie schreibt, sie hätte NATÜRLICH vom Hinterhaus
und vom Tagebuch gehört, hätte das Tagebuch aber
nicht lesen mögen, weil: *Sie wollte ihre Erinnerungen
ruhen lassen. Und sie wollte sicher sein, daß sie sich
etwa nicht bloß "erinnerte", weil sie irgendwo von
dieser Zeit gelesen hatte.* (Seite 11)

Kontra: Das ist nicht das Verhalten eines zehnjährigen
Kindes und schon gar nicht das Verhalten eines
Menschen, der sich an ein Vorleben erinnern kann. Ein
Kind überlegt nicht, ob es sich vielleicht etwas nur
einbilden könnte, weil es etwas liest. Eher würde es
begierig das Buch lesen, um sich besser erinnern zu
können.
Ob sich alles bei ihrem Besuch des Verstecks so
abgespielt hat, oder nicht kann man schwer sagen, denn
auch hierbei könnte es sich um eine Pseudoerinnerung
handeln. Auch darüber hätte man man die Eltern
befragen müssen, was jetzt nicht mehr möglich ist.

Kontra: Im Internet gibt es Fotos die eine Ähnlichkeit
zwischen beiden Personen beweisen sollen. Karlen hat
andere Gene als Frank sie hatte. Sie muss ihr nicht
unbedingt ähnlich sehen um Frank gewesen zu sein.
Selbstverständlich könnte es äußere Ähnlichkeiten
geben, wenn man wiedergeboren wurde. Das wäre ein
zusätzlicher Hinweis, aber es muss nicht unbedingt sein.
Kinder sehen noch nicht so besonders differenziert aus,
sie sehen einander oft ähnlich. Es könnte jedoch sein,
dass Karlen ein Foto der Anne Frank sah und eine
Ähnlichkeit festzustellen glaubte und sich deshalb mit
ihr identifizierte. Erst wenn jemand erwachsen ist, sind

111

äußere Ähnlichkeiten mit der erwachsenen Person aus dem Vorleben aussagekräftig.

Pro: Wenn es eine große Ähnlichkeit gibt, könnte das natürlich für eine Wiederverkörperung sprechen. Ich sehe allerdings keine besondere Ähnlichkeit.

Auf einer Webseite die leider nicht mehr vorhanden ist schreibt sie:
"Ich war acht oder neun Jahre alt, als meine Lehrerin in der Schule von Anne Frank zu erzählen begann. Ich war höchst erstaunt, wie sie mir etwas erzählen konnte, was ich schon mein ganzes Leben lang gekannt hatte. Ich hörte die Geschichte und begriff, dass Anne Frank eine berühmte Person war, die dieses Tagebuch geschrieben hatte. Als meine Lehrerin über Anne Franks Leben sprach, wußte ich, dass manches stimmte, manch anderem aber konnte ich nicht zustimmen."

Kontra: Sie wusste also schon relativ früh wer Frank war. Warum konnte sie manchem nicht zustimmen? Es gibt keinen Grund an dem zu zweifeln, was Anne Frank schrieb. Vielleicht wurde einiges weggelassen, aber es wurde nichts dazu getan.

"Aber seither habe ich keine vergleichbaren Erlebnisse gehabt, außer in meinen Träumen. Als ich etwa fünfzehn war, begannen die Träume allmählich abzuklingen und wurden unbestimmter. Langsam ließen sie mich los,"

Kontra: Sie sagt, sie habe ihre Informationen aus Träumen. Normale Träume sind in dieser Hinsicht keine sichere Informationsquelle, da sie erst von Anne Frank träumte, als sie schon viel über das Mädchen wusste.

112

Überzeugender wäre es, hätte sie davor von ihr geträumt.

Kontra: Dass sie Polizistin wurde, obwohl oder gerade weil sie Angst vor Uniformen hatte, ist eher wenig überzeugend. Es gibt die Geschichte eines Mannes, der sich erinnerte, in einem früheren Leben Soldat gewesen zu sein. Er machte im nächsten Leben etwas ganz anderes und hatte Angst vor lautem Knallen. Dabei zuckte er sogar zusammen. Weil er Angst vor Schüssen hatte, hielt er sich von allem fern was ihn an Krieg erinnerte. Das ist logisch. Man müsste sich intensiv mit seinen Ängsten auseinander setzen um es fertig zu bringen, etwas wovor man sich fürchtet, wegen seiner Ängste zu tun.

Sie schreibt:
"Es war trist und düster und unheimlich, aber das war ja viel besser, als lebendig vom Hitlervolk verbrannt zu werden." (Seite 31)
Die Juden wurden nicht lebendig verbrannt, sondern vorher vergast.

Karlen schildert die Verhaftung von Anne Frank, bzw. von sich in ihrem früheren Leben.

"Sie schreit laut auf, als jemand sie im Nacken fasst und sie hervorzerrt.....und als sie die Treppe hinunter gejagt wird, fällt sie auf der untersten Stufe und bleibt liegen. Voller Entsetzen blickt sie zu ihrem Peiniger auf. Seine Augen glühen vor Haß, er reißt sie an den Haaren vom Boden in die Höhe. "Hoch mit dir, du Schlampe" Er zieht sie an den Haaren auf die Straße hinaus ...." (Seite 134)

113

Kontra: Dem steht die Aussage von Annes Vater
gegenüber der sagte, Karl Josef Silberbauer habe sich
bei der Verhaftung korrekt verhalten. Er wollte sogar auf
dessen Verfolgung verzichten und lieber die Person
finden, welche die Familie verraten hatte.

*An das Wort „Silber" aus Silberbauers Namen konnten
sich 1948 zwei befragte SD-Beamte in einer ersten
Untersuchung erinnern. Wiesenthal bat Otto Frank um
seine Hilfe, dieser weigerte sich jedoch, da er der
Meinung war, dass nicht ihr Verhafter, der auf Befehl
handelte und sich Otto Franks Angaben zufolge
während der Verhaftung „korrekt" verhalten hatte,
sondern ihre Verräter gesucht werden sollten.*

*"Sie wird in ein schwarzes Auto gezerrt und er setzt sich
neben sie. Sie spürt, wie sich seine Hände unter ihrem
Pullover zu schaffen machen und eine ihrer Brüste
umgreifend, während er ihr Gesicht in seinen Schoß
drückt........... (Seite 143)*

*Sie befindet sich in einem Lager und derselbe Mann der
sie verhaftet und im Auto sexuell belästigt hat kommt zu
ihr und bedroht sie. Eine Aufseherin ist eifersüchtig.
Das allerdings zu unrecht, was das Mädchen betrifft,
denn dieses wehrte sich bisher erfolgreich gegen eine
Vergewaltigung. Die Aufseherin erschießt unabsichtlich
den Mann und wird anschließend sofort von anderen
Soldaten erschossen. (Seite 163)*

*Sie hat ihre Mutter und Schwester sterben gesehen und
wird nun lebendig in den Ofen geworfen. (Seite 174)*

Alles was Karlen hier behauptet, entspricht ganz sicher nicht den Tatsachen. Das ist reine Fantasie. Hier die Tatsachen:

Edith Frank starb am 6. Januar 1945 in Auschwitz an Hunger und Erschöpfung.
Am 28. Oktober deportierten sie 1308 Frauen aus Birkenau ins KZ Bergen-Belsen. Sie gehörten zu den insgesamt 8.000 „kranken, aber potentiell wiederherstellungsfähigen Frauen" (Müller 2000: 337), die für einen späteren Einsatz in der Rüstungsindustrie vorgesehen waren. In Bergen-Belsen brachte man Anne und Margot sowie die anderen Gefangenen in Zeltlagern unter. Die beiden Mädchen verlegte man im Januar 1945 in ein Schonungslager. Dort traf sie ihre Freundinnen Hannah Goslar und Nanette Blitz wieder, die seit Februar 1944 als „Austauschjüdinnen" in einem anderen Lagerteil gefangen waren. Bei ihren Gesprächen am Zaun erzählte Anne, die wegen Läusebefalls nur mit einem Tuch bekleidet war, dass sie und ihre Schwester alleine seien, weil sie ihre Eltern für tot hielt. Hannah und Nanette beschrieben Anne als kahl, ausgemergelt und zitternd, aber Anne zeigte sich trotz ihrer eigenen Krankheit mehr um Margot besorgt.

Im März 1945 breitete sich eine Typhus-Epidemie im Lager aus, die (geschätzt) 17.000 Gefangene tötete und der auch Anne und Margot zum Opfer fielen. Laut Zeugenaussagen fiel Margot geschwächt von ihrer Pritsche und starb. Einige Tage später war auch Anne tot.

Kontra: Sie hat also ihre Mutter nicht sterben gesehen und sie wurde nicht lebend verbrannt.

Hätte es derartige, geschilderte Vorkommnisse gegeben, wie Karlen es behauptet, hätten die anderen Häftlinge sicher darüber berichtet. Es handelte sich offensichtlich um die Fantasie eines Kindes, welches Erzählungen über Nazigräuel in ihren Träumen verarbeitete.

Das Buch "...und die Wölfe heulten", im Perseus Verlag erschienen, enthält leider auch nur ganz kurze Fragmente ihrer Träume. Es stellt sich auch die Frage, inwieweit sie sich überhaupt korrekt als Erwachsene an ihre Kindheitsträume erinnern konnte. In diesem Buch geht es übrigens nicht in erster Linie um Reinkarnation, sondern um ihre derzeitige Geschichte, um ihr derzeitiges Leben, so wie sie dieses sieht. Die Reinkarnationsträume sind nur eingestreut und können wohl insgesamt nicht mehr als drei, oder vier Seiten ausmachen. Sie dienen mehr oder weniger der Erklärung, bzw. Unterstellung, die Leute mit denen sie in diesem Leben Schwierigkeiten hat, wären die wiedergeborenen Verfolger der Anne Frank. Somit weist sie jede eigene Schuld an ihren derzeitigen Problemen weit zurück. Vielleicht distanziert sie sich auf diese Weise auch von der möglichen Kollektivschuld der Europäer an der Shoa. Sie setzt sich gar nicht mit ihrem vermuteten Vorleben auseinander.
Es spricht nicht sehr viel dafür, dass beide Personen identisch sind. Fast nichts von dem was sie behauptet entspricht den historischen Tatsachen. Man muss sich fragen inwiefern man diese angeblichen Träume von ihrem früheren Leben ernst nehmen kann.

116

Ein Herr Fickler schrieb ein Buch über seine Suche
nach einem früheren Leben. Er beschreibt was er in
seinen Träumen und Rückführungen erlebt hat und was
bei seinen Recherchen herausgekommen ist. Im Internet
findet man einen Bericht über eine Dokumentation. Es
handelt sich um eine Fernsehsendung, bei der er einer
der Hauptdarsteller war. Die Skeptiker halten davon
natürlich wenig. Was sie von dem Film halten, erfährt
man ebenfalls im Internet.

Ich kann selbstverständlich nicht beurteilen, ob Ficklers
Erinnerungen echt oder eingebildet sind. Das muss jeder
Leser für sich entscheiden. Grundsätzlich halte ich es
aber durchaus für möglich, dass diese Erinnerungen
aufgrund eines Nahtod-Erlebnisses aufgetreten sind.
Das wäre auch insofern logisch, als man sich in diesem
Zustand vielleicht nicht mehr nur als die derzeitige
Person erfährt, sondern als das große Ganze. In erster
Linie handelt es sich jedoch um Träume, welche ihm
angeblich Informationen über sein früheres Leben
liefern. Fickler ging den Aussagen seiner Träume
konsequent nach. Er war darauf konzentriert und
forderte auf diese Weise sein Traumbewusstsein dazu
auf, ihm auf seine Fragen zu antworten. Wer den
unbändigen Wunsch hat Antworten zu erhalten,
bekommt sie auch meistens. Karlen hingegen
beschäftigt sich nicht aktiv mit ihrem angeblichen
Vorleben. Sie sucht nach Erklärungen, warum ihre
Situation im derzeitigen Leben so ist wie sie ist. Genau
genommen sucht sie nach Schuldigen. Das ist eine ganz
andere Herangehensweise.

Das Buch von Fickler ist wahrscheinlich im Handel
nicht mehr erhältlich.

117

Präkognitive Träume

Als ich vor Jahrzehnten damit begann mich mit
Parapsychologie zu beschäftigen, machte ich erstmals
bewusst die Erfahrung, dass Träume sich erfüllen
können. Noch nie hatte ich darüber etwas gehört, oder
gelesen. Ich versuchte in meiner Freizeit zu meditieren
und schlief dabei oft ein. Während eines solchen
Schlafes am Tag, träumte ich etwas das mir sehr lustig
erschien:

Im Meer schwamm ein Fisch, der seltsame Töne von
sich gab. Jemand sagte, der Fisch heiße Echolot.

Mit Technik hatte ich mich nie beschäftigt, deshalb
wusste ich auch nicht was ein Echolot ist. Der Name
kam mir einfach nur komisch vor. Da dieser Traum
ungewöhnliche Heiterkeit bei mir auslöste, ging ich zu
meiner Mutter, die einen Stock über mir wohnte und
erzählte ihr was ich gerade geträumt hatte. Kaum hatte
ich meine Erzählung beendet, sagte ein Sprecher im
Radio etwas über ein „Echolot" und erklärte den
Zuhörern, was darunter zu verstehen sei. Deutlicher
hätte mich das Schicksal wohl nicht von der Existenz
präkognitiver Träume überzeugen können.

Von da an verwarf ich die Idee der Psychoanalytiker,
Träume würden mir etwas über meine inneren Probleme
erzählen. Früher hatte ich mich zeitweise damit
abgemüht, mein Inneres auf diese Weise zu erforschen,
ohne jemals eine Bestätigung dafür zu erhalten, dass
meine Analysen auch stimmten.

Meine Traumsammlung, die ich Jahre später begann und die ich zu Anfang viele Jahre lang handschriftlich anfertigte, wurde bald so umfangreich, dass ich andere Wege suchte sie zu dokumentieren. Einige Teile meiner Sammlung warf ich weg, denn so richtig wissenschaftlich ging ich am Anfang nicht damit um. Es war zu viel Material vorhanden, mein Privatleben war teilweise zu chaotisch und von Zeit zu Zeit verlor ich das Interesse. Deshalb besitze ich heute nur Teile dieser umfangreichen Traumsammlung. Seit Jänner 2000 verfügte ich über Internet. Das machte es mir möglich, Träume sofort zu veröffentlichen. Schließlich besteht das wichtigste Argument der Kritiker darin, zu behaupten man könne keinen Beweis für präkognitive Träume erbringen, weil die Träume immer erst nach den beschriebenen Ereignissen veröffentlicht werden würden. Ich habe seither versucht, anhand von unzähligen Träumen die sich mit großer Wahrscheinlichkeit zumindest teilweise erfüllen würden, zu erforschen und zu beweisen, dass alle diese Informationen in uns selbst stecken, respektive durch Telepathie, Hellsehen, oder Präkognition zustande kommen. Meine Traumsammlung war auch den Skeptikern bekannt. Sie wollten sie aber nicht überprüfen, weil sie angeblich nicht die nötigen Voraussetzungen dafür hatten.

Einige Beispiele für erfüllte, im Internet dokumentierte Träume die von mir stammen, möchte ich jetzt kurz vorstellen. Wer seine Träume nicht beobachtet kann sich vermutlich nicht vorstellen was man alles über die Zukunft weiß, während man träumt. Dabei kommt es nicht darauf an wie wichtig, oder wie unwichtig ein Ereignis ist.

Hier ein Beispiel für ein Ereignis welches mit mir
absolut nichts zu tun hat und für mich total unwichtig
ist.

„Es versammelten sich einige Leute in einem Raum. Sie
unterhielten sich über den "Kirchenstreit", der gerade
ablief. Eine Gruppe innerhalb der katholischen Kirche
hatte sich - was die religiöse Überzeugung betrifft - in
Gegensatz zur Lehrmeinung gestellt. Man wollte ihnen
nicht zuhören. Jemand erreichte aber schließlich doch,
dass eine Diskussion stattfinden solle, um den Anschein
von Demokratie zu erwecken. Es war aber schon vorher
klar, dass man zwar zuhören, aber nicht auf die Sache
an sich eingehen werde.

Diesen Traum veröffentlichte ich unter einer Adresse,
die es heute nicht mehr gibt. Als ich die erste Auflage
dieses Buches schrieb, war sie wieder zugänglich, unter
web.archive.org unter meinem Namen.

Man könnte meinen, dass dieser Traum erst im Jahr
2011 aktuell war, als die erste Auflage erschien. Sogar
die Wortwahl stimmt teilweise überein. Siehe dieser
Artikel:*Kirchen-Streit: Mehrheit für Rebellen. 77
Prozent für Initiative. Und: Schüller beliebter als der
Kardinal. Konsequenzen für die*

kritischen Pfarrer lässt Kapellari „optimistisch offen“.

Dieser Artikel wurde unter der Webadresse (oe24.at)
veröffentlicht.

Manchmal träume ich auch von politischen, oder
wirtschaftlichen Ereignissen. Am 15. 3. 2000
veröffentlichte ich folgenden Traum:

Ich war in einem russischen Geschäft. Wir wollten mit
Euro bezahlen. Es gab aber Schwierigkeiten. Die
Ausgabe des Euro als Zahlungsmittel war verschoben
worden, weil wenige Tage vor dem Einführungstermin
der Wert des Euro verändert worden war. Trotzdem
hatten wir schon etwas Bargeld. Der Geschäftsmann
akzeptierte aber das neue Zahlungsmittel. Kurze Zeit
später stieg der Euro enorm und wir hatten dadurch
einen großen Gewinn. Damals zu finden unter
web.archive.org/web/20091022041837/http://geocities.c
om/madschdhub/Zeit3.html

*Was geschah: Der Eurokurs stieg nach Einführung
Hoher Euro-Kurs bremst Konjunkturerholung.
Prognose für 2005 und 2006 (Einführung des Euro als
Buchgeld 1. Januar 1999)*

*Am 1. Januar 2002 wurde der Euro mit Euromünzen
und Eurobanknoten als offizielle Währung in den zwölf
Staaten Belgien, Deutschland, Finnland, Frankreich,
Griech*enland, Irland, Italien, Luxemburg, Niederlande,
Österreich, Portugal, Spanien eingeführt. (Wikipedia)

(Die angegebenen Daten der Träume beziehen sich auf
den Zeitpunkt, an dem sie zum erstmals ins Internet
gestellt wurden. Die meisten Träume sind aber bereits
älter. Das ist allerdings nicht beweisbar, weil nicht
überprüfbar.

Bei Träumen die private Ereignisse schildern, kann es
auch manchmal zu seltsamen Erklärungen und zu
missverständlichen Äußerungen kommen. Trotzdem
kann die Grundaussage richtig sein. Folgender Traum
erfüllte sich irgendwie "falsch" und doch auch
irgendwie richtig.

121

Ich sah einen Verwandten meines Mannes (S.), der zum
Tod verurteilt worden war. Er war Blut überströmt. Ich
regte mich auf und meinte, er habe eine Frau und
Kinder, er werde also dringend gebraucht. Sein Bruder
aber sei allein und führe auch ein sehr ungesundes
Leben. Ich meinte es sei doch besser, der Bruder werde
sterben, und nicht er.

Einige Monate später starb tatsächlich der Bruder von S.
an einer inneren Blutung im Krankenhaus, kurz nach
einer Operation. Weil die Blutung nicht zu stoppen war -
also ganz unvorbereitet. Nichts hatte drauf hingedeutet.
Zudem kannte ich den Bruder von S. gar nicht. Er lebt
im Ausland. Niemand hatte über ihn geredet. Der Traum
nahm offenbar die Ursache des Todes und stellte sie in
etwas veränderter Form, aber im Prinzip doch richtig
dar.

Nun könnte man meinen, die träumende Person hätte
diesen "Austausch" der Personen erwirkt. Das
anzunehmen wäre aber absurd. Es gibt zwei mögliche
Erklärungen. Die Trauminformation wurde richtig
aufgenommen, aber um interpretiert, oder die
Trauminformation war undeutlich und das
Traumbewusstsein dachte nach. Wie dem auch sei,
letzten Endes war die Voraussage richtig.

Skeptiker würden nun wieder argumentieren, man
könne manche Ereignisse auch alleine mit dem klaren
Menschenverstand vorhersehen. Das mag teilweise
stimmen. Diese Vorhersagen sind dann aber eher
allgemein gehalten. Man kann vielleicht ahnen, dass ein
Mann sterben wird, der nicht sehr gesund gelebt hat.
Sicher war dieser Mann krank. Es handelte sich jedoch
um einen jungen Mann, der rein statistisch gesehen

noch viele Jahre leben hätte können, denn er starb nicht
an Krebs, oder einer anderen Krankheit, sondern
während und an einer Operation.

Nun könnte man sogar unterstellen, es habe sich bei
dieser Traumerfüllung um Absicht gehandelt, um zu
beweisen, dass man über diese Fähigkeit verfügt. Es
wird sich wohl auch kein Ärzte- und Schwesternteam
dazu hergeben, jemanden umzubringen, um mir einen
Gefallen zu tun. Dafür gäbe es auch keinerlei Motiv. Es
ist im Prinzip belanglos ob man mir glaubt oder nicht.
Diesen Traum erwähne ich, weil er besonders
eindrucksvoll zeigt, dass Träume sich auch insofern
„irren" können, als sie zwar richtige Geschichten
erzählen, aber die falschen Personen erwähnen. Falsch
war die Vorhersage nicht, sie wurde nur in eine seltsame
Geschichte verwandelt. Dieser Traum wurde nicht im
Internet veröffentlicht, weil ich ihn vor dem Jahr 2000
träumte, als ich noch keinen Computer hatte. Man
vergleiche ihn auch mit dem Traum den Jung erwähnte.
In diesem Fall starb der Träumer selbst, nachdem er
vom Tod eines anderen geträumt hatte.

In meiner Traumsammlung finden sich nicht nur
Träume die Ereignisse beschreiben die zufällig
geschehen, aber zu beeinflussen wären, sondern auch
solche die auch nicht manipulierbar sind. Es sind
Träume bei denen es ums Wetter geht. Solche Träume
sind selten, aber meistens sehr genau. Mitunter werden
sogar genaue Daten genannt, bis zu einem Jahr vor der
Erfüllung.

123

Traumtitel: Krokodil 22. März 2011

Teil 1

Jemand hatte den Teich den es in unserer Nähe gibt
zugedeckt. Auf dieser Abdeckung befand sich Sand. Es
war kalt (real: mir war kalt während ich träumte).
Kinder rutschten darauf herum und ich tat es ihnen
gleich. *Jemand sagte, wir hätten jetzt Sommer und
Winter zugleich. Das verstand ich nicht. Das Wetter
würde sich überlappen, war die Antwort. Wir hätten
zwar eigentlich schon Sommer, aber es sei kalt wie im
Winter.*

Teil 2

Ich ging auf einen Berg und sah hinab. Man konnte von
dort oben erkennen wo der Teich war, obwohl er ja nicht
frei da lag. Er war quadratisch. (Alles nicht real)
Amerikaner waren in der Gegend. Ich ging wieder zum
Teich hinunter und wollte noch einmal darauf rutschen.

Teil 3

Plötzlich kam ein Krokodil und griff mich an. Es war
riesig. Ich konnte ihm nicht entkommen, packte es aber
an der Schnauze, die ich ihm zu hielt und biss es in die
Nase. Das Krokodil gab nicht nach und ich auch nicht.
Pattstellung. Während wir kämpften erzählte jemand
wie die Tiere in den Teich gekommen waren. Zuerst
hatte es geheißen, sie seien schon immer da gewesen.
Doch es waren die Freunde des Erzählers, die sie vor
vielen Jahren gebracht hatten. Damals habe noch
niemand geahnt, dass aus den lieben, kleinen Tierchen
so gefährliche Monster werden würden. Ich wunderte
mich, dass sie den Winter überleben konnten.

124

Teil 4

Schließlich wurde über die Anpassungsfähigkeit
bestimmter Zuwanderer Gruppen gesprochen. Ich
meinte, sie könnten sich niemals anpassen, bis auf
einige wenige und ich erklärte auch warum (vergessen).
Dass gerade ich das sagen müsse, täte mir Leid. Ich
dachte über M. nach, der sich doch irgendwie angepasst
hatte und ob es wirklich der Fall war, oder ob es nur so
schien.

Dieser Traum hat sich zum Teil erfüllt. Er ist ein ideales
Beispiel für die Zusammensetzung von Träumen aus
verschiedensten Elementen. Man muss ihn in seine
Einzelteile zerlegen, die miteinander überhaupt nichts
zu tun haben. Warum Träume so verschiedenartige
Aussagen zu einer richtigen Geschichte verarbeiten,
kann ich derzeit noch nicht sagen.

Zu Teil 1 wäre zu bemerken, dass sich die Aussage
erfüllt hat.

Das Wetter war 2011 schon recht eigenartig. Es gab
zwar einige, wenige Perioden in denen es schön, oder
sogar heiß war, aber die meiste Zeit über war es eher
kalt. Im Hochsommer, im August ist normalerweise die
heißeste Zeit im Jahr, da war es fast ständig kalt.
warme*dapd)*

Der "Hochsommer" dauerte nur wenige Tage an, danach
wurde es wieder kälter. Nicht nur kälter, sondern es gab
sogar Schnee und das nicht zum ersten Mal in diesem
Jahr.

Was schreiben die Zeitungen?

125

"Da war es mit einem Schlag vorbei mit der Hitzewelle. Die Kaltfront fegte Samstagabend und in der Nacht zum Sonntag heftig über Österreich und hinterließ große Schäden. Der Wind erreichte Sturmstärke, stellenweise fiel sogar großer Hagel. Bereits am Vormittag sank binnen weniger Stunden die Schneefallgrenze auf 1800 bis 1600 m.
schrieb der Kurier (kurier.at)

Der Traum widersprach den öffentlich einsehbaren Prognosen und sollte Recht behalten.

 Zu Teil 2

Ob Amerikaner damals , oder zu einem späteren Zeitpunkt in der Nähe von unserem Teich waren, lässt sich nicht feststellen.

Zu Teil 3

(dapd) am 28.12.2011 eine Meldung in der neuen Zürcher Zeitung (aber auch in anderen Zeitungen) „Krokodil erbeutet Rasenmäher"

… „Das etwa fünf Meter lange und 500 Kilogramm schwere Tier Elvis sei aus seiner Lagune geschnellt und habe seinen Aufpasser Billy Collett bei der Grünpflege überrascht, sagte der Leiter des nördlich von Sydney gelegenen Australian Reptile Park, Tim Faulkner. Zwei Kollegen hätten gehört, wie Collett kurz aufgeschrien habe und dann davongerannt sei.

«Bevor wir richtig wussten was geschieht, hatte das Krokodil den Rasenmäher über dem Kopf», sagte Faulkner. «Er bekam den oberen Teil des Geräts schliesslich mit dem Maul zu fassen und zog es mit

126

zurück ins Wasser». Die drei Kollegen konnten sich daraufhin alle in Sicherheit bringen. Die Pflege des Rasens allerdings musste auf unbestimmte Zeit verschoben werden - denn den Rasenmäher wollte das riesige Salzwasserkrokodil nicht wieder hergeben.“

Natürlich ist das nicht in unserem Teich passiert und es war auch nicht ich, die angegriffen wurde. Fast in jedem Traum hält man sich für eine handelnde Person, obwohl man in Wahrheit gar nicht anwesend ist. In dem Bericht geht es aber vor allem um einen Krokodil Angriff. Erzählt wird auch noch von früheren Angriffen des Krokodils. Es handelt sich um ein etwa 5 Meter großes Tier, also um ein richtiges Ungeheuer, wie im Traum beschrieben.

Die Beobachtung von Träumen auf ihre Erfüllung ist leider zu einem großen Teil nur eine Statistik. Die meisten Träume machen keine kompletten Angaben, wie man sie für Beweise bräuchte. Ich gehe davon aus, dass Ereignisse die eher selten vorkommen, berücksichtigt werden müssen, auch wenn kein genauer Zeitpunkt und kein genauer Ort genannt wird. In diesem Fall geht es um ein Ereignis, das sehr selten in den Zeitungen auftaucht. Angriffe durch Krokodile kommen nicht oft vor. Außerdem gibt es eine zeitliche Nähe zum Traum. Der Traum stammte vom 22.3.2011, der Artikel vom 28.12.2011. Auch wenn dazwischen einige Monate liegen, ist das für eine Traumerfüllung kein großer Zeitraum.

Erwähnenswert ist aber auch, dass es zu einem früheren Zeitpunkt einen Bericht über einen Mann gab. Der ein Krokodil biss.

127

Blantyre (AP) Den Kampf mit einem Krokodil hat ein Mann aus Malawi mit einem beherzten Gegenbiss für sich entschieden. Wie die Polizei am Donnerstag mitteilte, wurde Mac Bosco Chawinga beim Schwimmen in einem Teich von dem Reptil angegriffen. Das Tier hatte schon beide Arme des 43-jährigen Geschäftsmannes zwischen den Zähnen und wollte ihn gerade tiefer ins Wasser ziehen, da entschloss sich Chawinga zur Gegenwehr. Er biss fest in die empfindliche Nase des Krokodils, woraufhin dieses seine Beute aufgab. Trotz schwerer Verletzungen konnte Chawinga noch an Land schwimmen, wo Fischer ihn fanden und ins Krankenhaus brachten. Sein Zustand wurde als stabil beschrieben.

Der Bericht stammt aus dem Jahr 2002. Ob ich diesen Artikel damals gelesen habe weiß ich nicht. Möglich wäre es. Es wäre aber auch möglich, dass der Traum diese alte Information durch Hellsehen aufgegriffen und in den Traum verpackt hat.

Zu Teil 4

Dieser Teil des Traums erfüllt sich gerade (2018). Aufgrund der Massenzuwanderung kommt es zu immer mehr Problemen, weil sich viele Flüchtlinge nicht anpassen können. Der Traum prophezeit aber auch, dass viele von ihnen sich niemals anpassen werden. Er weist damit in die fernere Zukunft.

Ein weiterer Wettertraum nannte sogar einen genauen Zeitpunkt und lag damit auch richtig.

Am 28.Nov.2002 träumte ich:

Jemand wollte mich dazu bringen eine große Grillparty
zu veranstalten. Draußen war es tatsächlich sehr heiß.
Mir fiel der Traum ein der gesagt hatte es sei
Allerheiligen und die Herbstblumen könnten nicht
blühen, weil es zu heiß war. Deshalb dachte ich nach,
welchen Monat wir jetzt hätten. Mir wurde bewusst,
dass Allerheiligen heuer schon längst vorbei war und ich
dachte nach, ob damit nächstes Jahr gemeint sei. Ich
wollte keine Grillparty machen, weil ich einfach nicht
wollte. Deshalb erklärte ich, es sei jetzt zwar sehr warm,
aber das könne sich schon bald ändern. Ich könne daher
nicht vorausplanen. Dann sah ich zum Himmel empor.
Es ging ein furchtbarer Sturm los und am Himmel
waren schwarze Wolken zu sehen. Aber ich wusste, es
würde noch wärmer werden und es würde auch nicht
bald regnen. Ich hätte die Party also veranstalten
können, aber das wussten die anderen nicht. Außerdem
war der Sturm furchtbar unangenehm, da konnte man
sich nicht gemütlich draußen hinsetzen. Die Jahreszeit
war eben doch nicht passend.

Es stellte sich heraus, dass tatsächlich Allerheiligen im
nächsten Jahr gemeint war, denn gerade zu dieser Zeit
war es dann ungewöhnlich warm.

Manchmal träumt man im Traum etwas, oder man meint
sich an einen Traum zu erinnern, den man früher gehabt
hatte. Es kommt auch vor, dass man sich an einen
tatsächlich einmal geträumten Traum im Traum erinnert.
In diesem Fall habe ich mich im Traum an einen
wirklichen Traum erinnert. Das zeigt die Fähigkeit des
Traumbewusstseins, aktiv auf echte Erinnerungen

129

zuzugreifen. Diese Erinnerungen werden auch sinnvoll im Traumgeschehen eingefügt.

Träume wirken oft verwirrend und unzusammenhängend. Einfach deshalb, weil sie tatsächlich unzusammenhängend sind. Wie man ja schon an dem einen Beispiel gesehen hat. Das Traumbewusstsein ist offenbar nicht imstande verschiedene Ereignisse logisch voneinander zu trennen. Träume die eine (scheinbar) in sich geschlossene Geschichte erzählen sind relativ selten. Meistens enthalten sie verschiedenste Elemente, wie ich das zuvor bereits erklärt habe. Ort und Zeit scheinen keine Rolle zu spielen. Ein Traum kann viele verschiedene Zeitpunkte vorweg nehmen und er kann auch von einem Ort zum anderen „springen". Man muss auf kleinste Details achten, dann kann man doch Verschiedenes zuordnen.

Ein Beispiel eines zusammen gesetzten Traums, der in diesem Fall jedoch klare Aussagen macht. Man kann ihn also überprüfen.

Am 17.Jul.2002 träumte ich:

Teil 1

Jemand sagte: "… (Name vergessen. Es war ein ganz kurzer Name aus drei, oder vier Buchstaben der fremd klang.) … Man hat sein Comic genommen. B. wird auch Glück haben." Ich traf meine n Onkel R. Er hatte ein dickes Paket Führerscheine, die ganz neu waren und anders als die alten aussahen. Auch für mich war einer dabei den er mir gleich gab.

130

Teil 2

Ich fuhr mit dem Rad und hatte zeitweise
Schwierigkeiten weil ich zu wenig Kraft hatte sobald es
bergauf ging. Dann musste ich absteigen.

Teil 3

Es gab gefährliche Szenen weil die Autofahrer
rücksichtslos fuhren. Ein riesiger LKW fuhr überhaupt
links, weil er abbiegen wollte. Es war ein Transporter
für einen Zirkus. Der Fahrer regte sich auf weil ich
vorbei fuhr, nachdem er stehen geblieben war. Ich
meinte er habe mich vorher nicht fahren lassen, jetzt
könne er ruhig kurz warten.

Die Erfüllung sah so aus:

zu Teil 1

Anfang Sept. 2002 (Ein genaues Datum kann ich nicht
sagen, weil ich den Traum vergessen hatte und mich erst
daran erinnerte, als ich wieder einmal alle alten Träume
durchackerte. Es ließe sich aber amtlich feststellen.)
zeigte mir mein Onkel R. seinen neuen Führerschein.
Ein Polizist hatte ihn kurz zuvor aufgehalten und den
alten Führerschein beanstandet. Er hatte sich deshalb
einen neuen ausstellen lassen.

Ich wurde einige Zeit danach auch kontrolliert und
aufgefordert, meinen Führerschein zu erneuern, was ich
aber erst sehr viel später tat.

zu Teil 2

Damals fuhr ich nicht mit dem Rad. Erst Jahre später.
Obwohl ich als junge Frau viel mit dem Rad gefahren
bin und ohne Schwierigkeiten größere Steigungen
fahren konnte, war das jetzt nicht mehr möglich.
Obwohl es nicht steil bergauf ging, musste ich
zwischendurch absteigen.

Zu Teil 3

Dieser Teil hat sich nicht direkt im geträumten Sinn
erfüllt. Es gab aber im September und im Oktober 2002
viele Zeitungsartikel über den Zirkus im Allgemeinen,
weil Raubtiere nicht mehr auftreten durften.

*„Wien (RK). Die Haltung und Mitwirkung von Löwen
und Tigern wird künftig in Zirkussen und Varietes
untersagt sein. Umweltstadträtin Dipl. Ing. Isabella
Kossina stellt am Mittwoch, den 2. Oktober, um 8.30
Uhr diese Durchführungsverordnung zum Wiener
Tierschutz- und Tierhaltegesetz vor, die derzeit in
externer Begutachtung ist.Zirkusdirektor Bernhard Paul
wird kurz über seine Erfahrungen "Zirkus ohne
Raubtiere" berichten.*

- *Bitte merken Sie vor:*
  Zeit: Mittwoch, 2. Oktober, 8.30 Uhr
  *Ort der Präsentation: Rathausplatz, im
  Zirkuszelt Roncalli"* (wien.gv.t)

Träume verwenden immer nur Ereignisse, um sie dann
eben in einen neuen Zusammenhang zu bringen. Sie
schreiben sie quasi um. Deshalb erfüllen sich viele
Träume nur was das Thema betrifft, aber nicht immer
im ursprünglichen Sinn.

132

Ich habe bereits erwähnt, man könne wahrscheinlich
auch von der Vergangenheit träumen. Damit meine ich
jetzt nicht frühere Leben, sondern Vergangenheit im
derzeitigen Leben, von der man jedoch bisher nichts
wusste. Der folgende Traum ist ein Beispiel dafür.

Am 21.6.2001 träumte ich:

Man gab mir Menschenfleisch zu essen. Das Fleisch das
ich bekam stammte von einem Kind das neben mir saß
und auch davon aß. Für mich war das schrecklich und
ich wusste nicht zu sagen was besser sei – das Fleisch
eines toten Menschen zu essen, oder das eines noch
lebenden, dem man es aus dem Körper geschnitten
hatte.

Hier handelt es sich wohl um ein vermutlich
einzigartiges Ereignis. Es ist unverwechselbar.

Am 13.12.2002 berichtete der Kurier auf Seite 6
„Haftbefehl im Kannibalismus – Fall" Ein Deutscher
schnitt einem Mann den Penis ab und dann aßen sie
diesen gemeinsam. Anschließend tötete er den Mann. Er
wurde verhaftet, weil er über Internet ein neues Opfer
suchte.

Auch wenn im Traum von einem Kind die Rede ist,
obwohl das Opfer in der realen Geschichte ein
erwachsener Mann war, scheint es sich doch mit großer
Sicherheit um eine Übereinstimmung zu handeln. Fälle
von Kannibalismus sind sehr selten, aber Fälle wo das
Opfer noch lebt, weil ihm nur ein Stück Fleisch heraus
geschnitten wurde, und es noch dazu davon gemeinsam
mit dem Täter isst, sind wirklich Einzelfälle. Eine
zufällige Übereinstimmung wäre demnach fast
ausgeschlossen, noch dazu wo hier eine zeitliche Nähe
133

besteht. Trotzdem handelt es sich dabei sowohl um eine Voraussage, als auch um ein Geschehen aus der Vergangenheit. Denn die Tat geschah schon am 9. März 2001. Davon wusste jedoch damals noch niemand. Der Zeitpunkt des Ereignisses lag also vor dem Traumzeitpunkt. Jetzt könnte man annehmen, ich hätte von der – mir nicht bekannten – Vergangenheit geträumt. Theoretisch wäre das möglich. Vielleicht träumte ich aber gleichzeitig von der Zukunft.

Von grauenhaften Ereignissen träumt man vielleicht öfter, auch wenn man davon nicht betroffen ist, weil man von ihnen erschüttert ist. Manchmal versteht der Traum das Geschehen gar nicht richtig, wahrscheinlich weil es zu absurd erscheint. Als ich einmal träumte, eine Frau habe Hundewelpen geboren, hielt ich den Traum für eine symbolische Aussage. Lange Zeit über zerbrach ich mir den Kopf was diese Szene bedeuten könnte. Monate später las ich in der Zeitung, im Jugoslawien Krieg hätten Männer einer Schwangeren das Baby aus dem Bauch geschnitten, um ihr anschließend Hundewelpen hinein zu legen. Wie man sieht sollte man mit der Diagnose „Symbol-Traum" sehr vorsichtig sein. Manches scheinbare Symbol ist realer als es einem lieb ist.

Bei meiner Studie konzentrierte ich mich auf Zeitungsartikel. Mit der Zeit träumte ich immer häufiger von Ereignissen, die in diesen Zeitungen berichtet wurden. Wahrscheinlich nicht von den Ereignissen, sondern von den Berichten. Zeitweise träumte ich sogar wörtlich die Schlagzeilen der nächsten Tage.

Bei persönlichen Träumen muss es um das Ereignis gehen, von dem man geträumt hat. Man kann genau

134

sagen wen der Traum betrifft. Da kann man sich ganz sicher sein, wenn es eine Erfüllung gibt.

Wie ich schrieb gibt es Menschen die sich in ihren Träumen zu erinnern glauben, wer sie in einem früheren Leben gewesen sind. Das halte ich für durchaus möglich. Einen Traum von einer Erinnerung an ein früheres Leben der von mir stammt, habe ich bereits erwähnt. Weil es dazu greifbare Fakten gibt, habe ich eine Studie begonnen, in welcher ich mein Leben, meine Gedanken und meine Erlebnisse, denen Strindbergs gegenüber stellte. Veröffentlicht habe ich sie bei LULU unter dem Titel „Posthumus". Auch zu dieser Studie gedenke ich ein Fotobuch zu machen.

Lange davor hatte ich einen einzigen Traum von einem früheren Leben, der jedoch nicht als echte Erinnerung beweisbar ist. Von einem Leben als Saurier. Der Traum war seltsam. Ich erlebte mich als riesiger Saurier. Doch nach einiger Zeit langweilte mich dieses Leben und ich wollte etwas anderes werden. Da flog ich hinauf ins Weltall. Unter mir drehte sich die Erde, immer und immer wieder. So lange bis ich in der Zukunft landete, herab sank und zum Menschen wurde.

Träumen kann man auch von der eigenen Zukunft in diesem und im nächsten Leben. Solche Träume hatte ich mehrmals. Was das nächste Leben betrifft, lässt es sich leider – noch - nicht beweisen.

Dieses Leben betreffend träumte ich am 22.1.2003

Ich unterhielt mich mit meiner Mutter über unser zukünftiges Leben, bzw. über unsere Lebenserwartung. Deshalb verglich ich das Alter meiner Mutter mit dem meiner Tante und kam zu dem Schluss, sie werde noch

135

mindestens 10 Jahre leben, also ca. 90 Jahre alt werden. Umgerechnet auf konkrete Daten wäre das bis mindestens 2013. Mir selbst rechnete ich noch mindestens 30 Jahre Lebenszeit aus. Das wäre also bis ca. 2033. Schließlich sprachen wir über Wiedergeburt. Ich fragte mich ob wir einander wiedersehen würden, aber das war vermutlich nicht der Fall. Erst nach dem kommenden, großen Krieg würde ich wiedergeboren werden.

Ob meine geschätzte Lebenserwartung stimmt, wird sich zeigen. Was die kommende Wiedergeburt betrifft, lässt sich der Traum zumindest jetzt nicht überprüfen. Vielleicht erinnere ich mich im nächsten Leben an dieses Buch und setze dann meine Beweisführung fort? Was meine Mutter betrifft hat sich der Traum erfüllt. Das lässt sich beweisen. Sie starb am 5. 11. 2016, im 89. Lebensjahr. Man kann nicht abschätzen, ob jemand der fast 80 Jahre alt ist, auch neunzig Jahre alt werden wird. Außerdem hätte sie auch viel älter werden können. Voraussagen kann das nur das Traumbewusstsein.

Mitunter liegen, wie man deutlich erkennen kann, große Zeiträume zwischen dem Traum und seiner Erfüllung, auch wenn es sich dabei um Handlungen handelt, die ja angeblich dem freien Willen entspringen. Das könnte daran liegen, dass man schon viel früher eine Entscheidung trifft, als es einem bewusst ist. Das würde bedeuten, man trifft immer unterbewusste Entscheidungen und glaubt nur, sie bewusst zu treffen.

Derzeit sehe ich mir meine Traumsammlung durch. Die Träume zwischen 2008 und 2011 habe ich gerade in Arbeit. Manche dieser Träume zeigen in die weitere Zukunft, einige haben sich bereits erfüllt. Sieht man sich

an um welche Zeiträume es sich handelt bis sich ein
Traum erfüllt, sieht man dass es sehr unterschiedlich
sein kann. Auch banale Ereignisse brauchen oft sehr
lange bis sie sich erfüllen. Egal ob es sich dabei um
ganz persönliche Ereignisse handelt, oder um solche die
mit der träumenden Person eigentlich gar nichts
gemeinsam haben. Einen davon greife ich heraus, weil
er sich zufällig gerade jetzt erfüllt, wo ich ihn wieder
gelesen habe. Was im Prinzip auch ein großer Zufall ist,
der auch paranormalen Ursprungs sein kann.

Am 20.1.2010 träumte ich, in unserer Gegend würde
gerade gearbeitet werden. Ich war überrascht, weil es
sich bei den Arbeitern um "Gscherte" (der Traum
drückte sich so aus) handelte, also um Männer aus
einem anderen Bundesland. Bisher war ich immer nur
ausländischen Arbeitern begegnet, die so schwere
Arbeiten auf der Straße verrichteten. Die Arbeiter
sprachen einen Dialekt der mir fremd war und den ich
nur schwer verstehen konnte. (PSI-Traumsammlung
2008 - 2001 von Maria Sand, bei LULU 2015
erschienen, aber davor lange Zeit - ab dem Datum des
Traums - im Internet gepostet)

Jetzt haben wir April 2018 und direkt vor unserer
Haustüre wird aufgegraben. Normalerweise kann ich
nicht hören was Arbeiter miteinander reden, aber da sie
sich direkt in meinem Umfeld befanden, hörte ich es
sehr gut. Vom Aussehen her ordnete ich sie gleich als
Österreicher ein, denn so ziemlich alle waren blond. Sie
unterhielten sich relativ laut miteinander - in einem
Dialekt den ich nicht kenne und den ich nur schwer
verstehen konnte. Anfangs war ich mir gar nicht sicher
ob sie überhaupt Deutsch sprachen, weil mir die
Satzmelodie so wenig geläufig ist.

Zwischen dem Traum und dem Ereignis liegen also ca.
8 Jahre. Was bedeutet, dieses Ereignis stand spätestens
seit 8 Jahren bereits fest.

Sieht man sich an was alles passieren muss, damit ein
solches Ereignis zustande kommt, merkt man erst wie
kompliziert es sich bildet. Der Traum weiß schon früh,
was genau passieren wird, auch wenn die Sache noch so
unbedeutend ist. Manchmal erklärt er was passieren
muss, aber oft auch was passieren wird, wenn man es
nicht verhindert.

Wir hätten schon weggezogen sein können, denn ich
dachte schon länger daran umzuziehen. Es hätte eine
andere Firma beauftragt werden können diese Arbeit
vorzunehmen, oder man hätte auch zu einem späteren
Zeitpunkt hier arbeiten können, wenn wir hier nicht
mehr wohnen. Vielleicht hätte man diese Arbeit auch
gar nicht unbedingt durchführen müssen. Die Firma
hätte andere Arbeitskräfte einstellen können. Auch die
Tatsache, dass die Männer genau vor unserem Haus
standen, als sie sich unterhielten, während ich gerade
wegging, ist bemerkenswert. Wäre das nicht der Fall
gewesen, hätte ich wahrscheinlich gar nicht hören
können was sie sprachen. Einmal ganz abgesehen
davon, dass ich zum jetzigen Zeitpunkt im Krankenhaus
liegen, oder auch bereits tot hätte sein können.

Nimmt man alles das zusammen, ist die
Wahrscheinlichkeit eines Zufallstreffers mehr als gering.
So viele blinde Zufälle auf einem Haufen gibt es wohl
nicht.

Wenn es in einem Traum um konkrete Personen geht,
könnte der Auslöser für Träume über sie ein besonderes
Interesse sein. Als Natascha Kampusch entführt wurde,
träumte ich kurz davor von der Entführung eines

Kindes. Im Traum wurde nicht gesagt wer dieses Kind war. Ich nahm aber an, dass es sich um Kampusch handelte, als ich von dem Fall in den Zeitungen las. Spektakuläre Kindesentführungen kommen bei uns nicht jeden Tag vor. Lange danach träumte ich konkret von Kampusch. Ich sah ein Einfamilienhaus mit Garten, in dem sich etwas Gelbes befand, das ich für ein Fahrrad hielt. Die Gartentüre stand offen. Entweder wurde gesagt, oder es war einfach nur ein Gedanke, Natascha Kampusch sei wieder nach Hause zurück gekehrt. Die Erklärung für den langen Zeitraum ihrer Abwesenheit sei überaus seltsam und ungewöhnlich.

Es dauerte noch einige Jahre bis sich dieser Traum erfüllte.

Woher kam nun das Interesse an diesem Fall, abgesehen davon, dass ich auf Zeitungsartikel konzentriert war, um meine Theorie beweisen zu können? Damals waren meine Kinder ungefähr im Alter von Natascha. Sie wohnte in einer Gegend in Floridsdorf, in der ich einige Zeit vor diesem Ereignis mit einer mir unbekannten Frau gefahren war. Wir suchten eine Wohnung und genau dort war gerade eine Wohnung frei geworden. Die Frau wollte sie mir zeigen. Doch es wohnte anscheinend noch jemand drinnen. Wir konnten nicht hinein. Als Natascha entführt wurde, hätte es vermutlich jedes Mädchen treffen können. Auch eines meiner Kinder, wären wir dort hin gezogen. Was zum Glück nicht der Fall war, weil ich in dieser schlechten Gegend nicht wohnen wollte.

Große Ereignisse stehen meistens überhaupt schon viel länger fest. Deshalb kann man sie schon sehr früh vorher sagen. Da handelt es sich um Jahrzehnte, Jahrhunderte, vielleicht sogar um Jahrtausende.

Stimmen meine Voraussagen, dann reichen sie bis zur Ausrottung der Menschheit. Ich gehe von einem extrem langen Zeitraum aus, der zwischen dem Heute und diesem Ereignis liegt. Die Zeitspanne scheint jedoch variabel zu sein. Ich glaube, es gibt für jedes Ereignis einen Punkt, an dem bereits entschieden ist wie sich etwas entwickelt. Dann passiert, was passieren muss. Doch davor hat man die Möglichkeit, das Ereignis noch abzuwenden. Genau das scheint eigentlich der Sinn solcher Träume zu sein. Man lernt zu erkennen was passieren muss, weil bereits alles festgelegt ist - und was man verhindern könnte, weil noch vieles offen bleibt. Voraussagen die man nicht beeinflussen kann, wären sinnlos. Alle Fähigkeiten hat man, um im Leben zu bestehen. Für den Einzelnen bringt das Wissen um die Zukunft meistens nicht viel. Im Gegenteil raubt es die Kraft für das tägliche Leben. Deshalb können nur einzelne Personen - abgesehen vielleicht von einzelnen schlimmen Ereignissen, die von vielen Personen im Traum erkannt werden - die Zukunft sehen. Sie sind das Sprachrohr, die Warnenden. Diejenigen deren Schicksal bereits mit einem kommenden Ereignis verknüpft ist, werden nicht auf sie hören können (oder es nicht wollen); aber andere erhalten so die Chance, sich zu retten.

Große Ereignisse müssen jedoch nicht immer in weiter Ferne liegen, wenn man von ihnen träumt. Im Jahr 1993 hatte ich den ersten Traum der ein konkretes Datum nannte.

Es gibt zwei oder drei Daten die schlecht für den Weltfrieden sind – und für mich! Träumte ich damals. Merken konnte ich mir leider nur ein Datum, die beiden anderen vergaß ich. Es war der 3. 10. 1993. Den Traum hatte ich wenige Tage vor diesem Datum. Am 3.

140

Oktober 1993 fand ein Putschversuch gegen Jelzin in
Moskau statt. Er wurde niedergeschlagen.

Dieser Traum war eindeutig präkognitiv, denn ich
träumte ihn wenige Tage vor dem Ereignis. An diesem
Tag gab es nirgendwo in der Welt ein größeres
Vorkommnis, es kann daher kein anderes gemeint
gewesen sein. Sehr bedeutungsvoll war es jedenfalls
auch, denn hätte der Putsch Erfolg gehabt, wäre die
Weltgeschichte ganz anders verlaufen. Es ist allerdings
müßig darüber zu spekulieren, was sonst geschehen
wäre. Der Zusatz – auch für mich – irritierte mich
gewaltig. Als wolle mich der Traum vor einer großen,
zukünftigen Gefahr warnen. Vielleicht werde ich diesen
nächsten großen Krieg miterleben. Das würde bedeuten,
er wird noch vor 2033 stattfinden. Da der Putsch
scheiterte, kann man annehmen, das Ereignis wäre einer
von 3 Punkten, an dem die Weichen Richtung 3.
Weltkrieg gestellt werden. Ob die beiden anderen Daten
schon verstrichen sind, weiß ich nicht. Hätte er Erfolg
gehabt, wäre die Gefahr eines Weltkriegs vermutlich
gebannt worden. Der Traum weist also in die ferne
Zukunft der Menschheit. Oft habe ich mir den Kopf
darüber zerbrochen, was genau die Ursache für einen
dritten Weltkrieg sein würde. Analysiert man den Traum
nach logischen Gesichtspunkten kommt man zu dem
Schluss, die Antwort liegt im derzeitigen, oder
zukünftigen Verhalten Russlands. Mit Politik
beschäftige ich mich nicht sonderlich. Deshalb kenne
ich auch nicht die politischen Akteure so genau. Aber
ich denke die Personalpolitik Jelzins und seiner von ihm
installierten Nachfolger, wird die Ursache für den
nächsten großen Krieg sein.

Ein anderer Traum sagte, der Krieg werde 5 Jahre
dauern.

141

Da Träume meistens unvollständige Angaben machen muss man sich ausrechnen welche Zeitpunkte zum Tragen kommen. Man kann verschiedene, vorher gesagte Ereignisse miteinander in Beziehung setzen und kommt auf diese Weise zu halbwegs genauen Ergebnissen. Träume sind wie ein Puzzle. Sie enthalten Teilaussagen zu bestimmten Themen. Setzt man sie zusammen, ergeben sie ein ganzes Bild.

Man kann durch Analysen vieles vorher sagen. Was man so nicht kann: genau die Ereignisse schildern, die sich abspielen werden. Das kann nur das Traumbewusstsein.

Wie betreibt man Psi?

Die meisten Menschen glauben, man müsse sich nur
kurz auf etwas konzentrieren - und schon passiert es. So
einfach funktioniert die Welt des Paranormalen jedoch
nicht. Viele Menschen haben zwar in ihrem Leben
paranormale Erlebnisse, aber diese treten meist nur
unterschwellig in Form einer Ahnung, oder vielleicht
auch in Form von warnenden Träumen auf. Wer mehr
als nur einzelne, spontane Psi-Erlebnisse haben möchte,
muss hart an sich arbeiten, um sie vermehrt
hervorzurufen. Die hier vorgestellten Erlebnisse waren
nur zu einem ganz geringen Teil spontan. Die meisten
entstanden durch konsequente Meditations- bzw.
Konzentrationsübungen. Visionen und Träume die uns
antworten, muss man sich auch verdienen, ebenso wie
„spontanes" Wissen, das nicht auf sinnlichem Wege,
oder aufgrund rationaler Überlegungen zustande
kommt. Das ist auch der Grund dafür, dass die bisher
bekannten telekinetischen Versuche die wir aus dem
Internet kennen, so gut wie keine aussagekräftigen
Ergebnisse erbracht haben. Erfolge lassen sich nicht so
ohne weiteres regelmäßig wiederholen.

Der Großteil der Menschen verfügt nicht über die
Fähigkeit jederzeit paranormale Ereignisse zu
produzieren, weil in unserer Kultur kaum jemand bereit
ist, sich ganz und gar über einen längeren Zeitraum
hinweg, irgendwelchen geistigen Übungen hinzugeben.
Das ist aber eine absolute Notwendigkeit wenn man
mehr, oder weniger regelmäßige Ergebnisse erhalten
will. Einzelne spontane, positive Ergebnisse sind nicht
aussagekräftig genug, um Zweifler zu überzeugen.

Das verhält sich mit den Träumen nicht viel anders. Es genügt nicht sich einfach nur hinzulegen und zu schlafen. Man muss von der Zukunft träumen wollen. Der Wunsch alleine genügt leider auch noch nicht. In der paranormalen Welt zählt die Emotion, der "heiße" Wunsch, nicht das aus dem Kopf geborene Wollen für den eigenen Vorteil. Man muss immer wieder die Aufmerksamkeit auf das richten, was man erreichen möchte. Etwa Träume immer wieder lesen und mit dem vergleichen, was man erlebt, liest, oder sonstwie erfährt.

Wenn man sich mit Zukunftsvisionen beschäftigt, muss man sich zuerst einmal die Frage stellen - ist es möglich etwas Zukünftiges zu beschreiben, das man selbst gar nicht erlebt, bzw. niemals erleben wird? Das wäre eine Grundsatzfrage die man klären sollte. Handelt es sich bei echten Voraussagen um Hellsehen, oder um die Beschreibung dessen, was man später selbst erleben wird? Ist die Zukunft festgelegt, oder nicht determiniert? Zum Teil muss es sich um Hellsehen handeln. Ich hatte manchmal auch Träume von mir nahestehenden Menschen, die etwas taten, wovon ich zur selben Zeit träumte. Das ist dann keine Präkognition. Vielleicht gibt es aber auch gar keine Unterscheidung zwischen diesen beiden Formen der paranormalen Informationsgewinnung?

Kosmische Ereignisse sind lange bevor wir sie bemerken festgelegt. Deshalb kann man die Bahnen von Gestirnen und auch teilweise von Kometen berechnen. Man kann diese Zukunft theoretisch sicher voraussagen. Was man selbst erlebt ist meiner Meinung nach nur bedingt festgelegt.

Deshalb kann man Katastrophen mitunter entgehen, wenn man rechtzeitig von ihnen erfährt. Ich stelle mir das in etwa so vor. Ein Krokodil lauert in einem Fluss auf Beute. Es kommen viele Tiere zum Fluss um zu trinken. Innerhalb eines gewissen Zeitraums wird es ein Tier erbeuten - welches ist nicht wichtig. Sicher wird es eines sein das unvorsichtig ist, oder eines, das nicht auf seine innere Stimme hört. So gesehen ist der Tod eines der Tiere festgelegt. Doch welches dieses Schicksal ereilt mag noch offen sein.

Die Zukunft ist für jeden zumindest teilweise festgelegt. Ein Vulkan wird zu bestimmten Zeiten ausbrechen. Hätte man alle Informationen die notwendig sind, um diesen Ausbruch vorher zu berechnen, könnte man es. Wer dann in seiner Nähe ist, geht zugrunde. Wer sich rechtzeitig in Sicherheit bringt, überlebt. Träume können Warnungen sein, sie können uns aber auch verrückt machen, wenn wir Warnungen falsch verstehen. Dass uns auch hier Grenzen gesetzt sind muss man akzeptieren. Könnte jeder jederzeit jede Gefahr abwenden, weil er sie rechtzeitig erkennt, würde der gewaltsame Tod faktisch abgeschafft werden. In der Natur ist aber auch festgelegt, dass manche gefressen werden müssen, damit andere leben können. Deshalb gibt es wohl die großen Hemmnisse, die uns ein totales Erkennen der Zukunft erschweren.

Mögliche Hinweise auf die Fähigkeit Informationen aufzunehmen, die nicht mit Hilfe der bisher bekannten Sinne gewonnen werden, gibt es.

In einem Forschungsbericht des Institute of Technology, California steht:

145

„Winzig kleine magnetische Kristalle im menschlichen Gehirn hat ein Team um Joseph Kirschvink vom California Institute of Technology (Caltech) in Pasadena ausfindig gemacht.
Die meisten Regionen des Gehirns enthalten fünf Millionen Magnetit-Kristalle pro Gramm, die schützende Gehirnmembran sogar 100 Millionen."
(poolalarm.de)

Vielleicht haben wir Antennen im Gehirn, mit deren Hilfe wir Botschaften aufnehmen.

Nichts von der Natur Entwickeltes ist sinn- oder zwecklos. Alles hat eine Funktion, daher ganz sicher auch die möglicherweise vorhandene "Antenne im Gehirn". Die Kristalle könnten etwas Ähnliches wie eine Antenne sein. Diese Erkenntnis passt gut zu der Arbeit von Leonid L. Wassiliew, einem russischen Gehirnforscher, der auch Studien zur Parapsychologie machte und von einem "Gehirnradio" sprach. Im Francke Verlag erschien das Buch "Experimentelle Untersuchungen zur Mentalsuggestion" - Telepathie, telepathische Hypnosen. In dem Buch schreibt er über seine Arbeiten. Zahlreiche Experimente legen nahe, dass Telepathie eine Realität ist. Die Existenz von präkognitivem Wissen können seine Studien aber auch nicht erklären. Er lässt auch einige andere Forscher zu Wort kommen und stellt ihre Thesen zur Erklärung von paranormalen Fähigkeiten vor.

„P. P. Lasarew schrieb 1920"

„Wir müssen es deshalb (Anmerkung, weil elektromagnetische Wellen außerhalb des Kopfes

146

gemessen werden können) für möglich halten,
Gedanken in der Außenwelt in Form von
elektromagnetischen Wellen zu erfassen.
Bezugnehmend auf den Rhythmus der bioelektrischen
Ströme der Hirnrinde (10-50 Hz) und auf die
Ausbreitungsgeschwindigkeit der elektro-magnetischen
Wellen (300 000 km/sek) bestimmte Lasarew die Länge
der Hirnwellen auf 6000-30 000 km). Experimentell
konnten solche lange Wellen in der Umgebung des
menschlichen Kopfes bisher nicht registriert werden."
(Seite 23)

W. M. Bechterew glaubte, es würde sich um Hertz-
Strahlen handeln, um kurze, hochfrequente,
elektromagnetische Wellen.

Der italienische Neurologe Prof. Cazzamalli versuchte
ebenfalls herauszufinden um welche Informationsträger
es sich bei der Telepathie handeln könnte. Er setzte eine
Versuchsperson in einen Farady`schen Käfig. In die
Kammer kam ein Röhren-Radioempfänger mit einer
Antenne, die sich 50-70 cm vom Kopf der
Versuchsperson entfernt befand.

Sobald die Versuchsperson in Hypnose fiel und zu
halluzinieren begann, waren im Telefon, das die Person
mit dem Versuchsleiter verband, verschiedene
Geräusche zu hören, die auf die Bildung von
Radiowellen innerhalb des Versuchsraums hinwiesen.
Brach die Hypnose ab, waren auch keine Töne mehr zu
hören.

Von den Versuchen, das elektrische Feld aufzuzeigen,
das durch den menschlichen Organismus gebildet wird,
muss noch die Arbeit von Heidweiler erwähnt werden.

147

Er benutzte bei seinen Versuchen ein Quadranten-Elektrometer, das mit einer Empfängerplatte verbunden war. Die Bewegungen des Menschen in der Nähe der Platte riefen Veränderungen des Elektrometer-Zeigers hervor. (Seite 25)

Will man beweisen, dass Träume auf telepathischem Weg entstehen, dass sie also äußere Informationen sind, die unser Gehirn aufnimmt, muss Telepathie erklärt werden.

Viele berühmte Menschen, unter ihnen Philosophen, aber auch Wissenschaftler beschäftigten sich mit PSI. Unter anderen:

Philosophen wie William James, Hans Driesch und Henri Bergson, Physiologen wie der Nobelpreisträger Charles Richet, die angesehenen sowjetischen Professoren Bechterew und Wassiliew und Psychologen wie Carl Gustav Jung, Cesare Lombroso und Hans Jürgen Eysenck, der deutsche Nobelpreisträger Wilhelm Ostwald und der Physiker Pascual Jordan, der österreichische Physiker Wolfgang Pauli, William Crookes, Entdecker des Thalliums, Thomas Edison, Pierre und Marie Curie und Norbert Wiener, der Vater der Kybernetik.

Auch Albert Einstein empfahl, beeindruckt von telepathischen Experimenten Upton Sinclairs, die Parapsychologie der "ernsthaftesten Beachtung" zu unterziehen. Sie haben sich mit ihren Forderungen nach Erforschung der PSI Phänomene nicht durchgesetzt. Deshalb wird Parapsychologie heute immer mehr in den Bereich Esoterik verschoben, meiner Meinung nach absolut ungerechtfertigt. Theorien gibt es trotzdem

viele, sie werden allerdings heute nur selten von
anerkannten Wissenschaftlern überprüft und weiter
entwickelt.

Literaturverzeichnis

http://www.news.docceck.com/de/article/202382-wie-wenig-traeume-ueber-uns-verraten letzter Zugriff am 20.11.2011

http://www.heiligenlexikon.de letzterZugriff am 20.11.2011

parapsychologie.info/Habskomm.doc letzter Zugriff am 20.11.2011

Nass, kalt, grau: Das Sommerwetter in Österreich und Deutschland | http:// oesterreich.news.de letzterZugriff am 20.11.2011

die ZEIT Nr. 7/99

Rölling, Gilgamesch Epos Reclam Bibliothek

Foreknowledge von Herbert Francis Saltmarsh Verlag: London, G. Bell & Sons, (1938)

August Strindberg, 9783752862799Inferno, Gespenstersonate Fischer Klassik

Jäger und Sammlervölker in aller Welt, Katalog des NÖ Landesmuseums, Neue folge Nr. 172 Wien 1986

C.G. Jung, Der Mensch und seine Symbole, Walter Verlag Seite 78

C. G. Jung Grundwerk 9 Bände Walter Verlag 1984

Rýzl, Telepathie und Hellsehen Ariston Verlag 1973

Rýzl, ASW-Experimente Ariston Verlag 1978

Erinnerungen, Träume, Gedanken von C.G. Jung
Aufgezeichnet und herausgegeben von Aniela Jaffé,
WALTER VERLAG ZÜRICH UND DÜSSELDORF

Wassiliew Experimentelle Untersuchungen zur
Mentalsuggestion" - Telepathie, telepathische
Hypnosen. (Das Original erschien 1962 unter dem Titel
Experimentalnye issledowanija mayylennowo
wnuschenija - Istadelstwo Leningradsowo Universiteta)
Francke Verlag

Hofmann, PSI Edition VA BENE 2001

Passian, Abschied ohne Wiederkehr? Goldmann 6/89

Geo Intelligenz und Bewusstsein

http://de.wikipedia.org/wiki/Attentat_von_Sarajevo
letzterZugriff am 20.11.2011

http://www.rockys-
online.de/WCRM/history/texte/Lincoln2.pdf
letzterZugriff am 20.11.2011

http://www. idw-online.de/pages/de/news329669
letzterZugriff am 20.11.2011

http:www. (wissenschaft-
online.de/artikel/1005408&_z=859070 letzterZugriff
am 20.11.2011

http://www.klartraum.ch/html/rseite09.htm
letzterZugriff am 20.11.2011

http:www. esotericreligion.com/deu/d/preiswerk-helene/preiswerk-helene.htm letzterZugriff am 20.11.2011

http://www.arbeitsblaetter.stangltaller.at/WISSENSCHAFTPSYCHOLOGIE/PSYCHOLOGEN/Jung.shtm letzterZugriff am 20.11.2011

web.archive.org/9783752862799web/20091022105323/ http://geocities.com/madschdhub/Zeit1.html letzterZugriff am 20.11.2011

http://www. oe24.at/oesterreich/politik/Kirchen-Streit-Mehrheit-fuer-Rebellen/38840040 letzterZugriff am 20.11.2011

web.archive.org/web/20091022041837/http://geocities.com/madschdhub/Zeit3.html letzterZugriff am 20.11.2011

http:// kurier.at/nachrichten/4146404.php letzterZugriff am 20.11.2011

http://www. zamg.ac.at/klima/saison-vorhersage/ letzterZugriff am 20.11.2011

http://www. langfristwetter.com letzterZugriff am 20.11.2011

 Geo Intelligenz und Bewusstsein

http://de.wikiped9783752862799ia.org/wiki/Attentat_von_Sarajevo letzterZugriff am 20.11.2011 http://www.rockys-online.de/WCRM/history/texte/Lincoln2.pdf letzterZugriff am 20.11.2011

http://www. idw-online.de/pages/de/news329669 letzterZugriff am 20.11.2011

http:www. (wissenschaft-online.de/artikel/1005408&_z=859070 letzterZugriff am 20.11.2011

http://www.klartraum.ch/html/rseite09.htm letzterZugriff am 20.11.2011

http:www. esotericreligion.com/deu/d/preiswerk-helene/preiswerk-helene.htm letzterZugriff am 20.11.2011

http://www.arbei9783752862799tsblaetter.stangltaller.at/WISSENSCHAFTPSYCHOLOGIE/PSYCHOLOGEN/Jung.shtm letzterZugriff am 20.11.2011

web.archive.org/web/20091022105323/http://geocities.com/madschdhub/Zeit1.html letzterZugriff am 20.11.2011

http://www. oe24.at/oesterreich/politik/Kirchen-Streit-Mehrheit-fuer-Rebellen/38840040 letzterZugriff am 20.11.2011

web.archive.org/web/20091022041837/http://geocities.com/madschdhub/Zeit3.html letzterZugriff am 20.11.2011

http:// kurier.at/nachrichten/4146404.php letzterZugriff am 20.11.2011

154

http://www. zamg.ac.at/klima/saison-vorhersage/ letzter Zugriff am 20.11.2011

http://www. langfristwetter.com letzterZugriff am 20.11.2011http:// poolalarm.de/forum/messages/62.htm

Blick in die Zukunft Eco

Upload.wikimedia. org/wikibooks/de/4/4c/Klartraum1.1.pdf

Tholey, Schöpferisch träumen Klotz Vlg.

Monroe, der Mann mit den zwei Leben Heyne Vlg.

http://de.uncyclopedia.org/wiki/UnNews:China_verbiet et_Tibetern_ungenehmigte_Wiedergeburten

https://publikationen.sachsen.de/bdb/artikel/11188/docu ments/33932

http://www.relinfo.ch/karlen/info.html

https://de.wikipedia.org/wiki/Anne_Frank#/media/File: AnneFrankSchoolPhoto.jpg

http://de.wikipedia.org/wiki/Karl_Josef_Silberbauer

http://de.wikipedia.org/wiki/Anne_Frank

https://www.t9783752862799agesanzeiger.ch/kultur/fer nsehen/TVKritik-SF-hinters-weisse-Licht-gefuehrt/story/27962463
https://www.nahtod.ch/

http://www.skeptiker-blog.ch/2010/10/dok-nahtod-erlebnisse-und-ihre.html

http://www.perfect-lifestyle.net/mental-training/luzides-traeumen-klartraum

https://www.luzider-traum.at/viewtopic.php?f=3&t=306http://www.luzides-träumen.com/wissen/gefahren-beim-luziden-traeumen

http://www.luzides-träumen.com/wissen/gefahren-beim-luziden-traeumenhttps://www.luzider-traum.at/viewtopic.php?f=3&t=306

http://www.spiegel.de/wissenschaft/mensch/schlafforschung-wie-klartraeumer-ihre-gedanken-steuern-a-744502-3.html

http://www.planet-wissen.de/gesellschaft/schlaf/traeume/traeume traumforschung-100.html